HIGHLIGHTS
OF TIME-HONORED
HONGHE

三千四百年——最红河

总策划　杨洪波　杨福生

统　筹　李　杨　伍　皓

主　编　张艳梅

副主编　李月萍　张湘香

编委会　莫　文　钱玉芳　冯　挺　林向伟
廖　峥　张跃云　李跃武　曾紫君
郝培甲　宁　玲　施　云　刘云红
李雁斌　仇　骏　吴　伟　柏建忠
郭力生　陈永贵　李　尚　普继才
陈能红　周学兵

执笔人　吴梦婷　孙率兵

《三千四百年——最红河》

千年哈尼梯田

红河哈尼族彝族自治州旅游发展委员会 编

云南出版集团
云南人民出版社

图书在版编目（CIP）数据

千年哈尼梯田 / 红河哈尼族彝族自治州旅游发展委员会编. -- 昆明 : 云南人民出版社, 2015.4
（三千四百年 : 最红河）
ISBN 978-7-222-13054-8

Ⅰ. ①千… Ⅱ. ①红… Ⅲ. ①哈尼族—梯田—民族文化—红河哈尼族彝族自治州 Ⅳ. ①K285.4

中国版本图书馆CIP数据核字(2015)第073799号

责任编辑　杨晓东
特邀编辑　张湘香　李月萍　李宗浩
装帧设计　和　颖　秦贤明　李然竞好　范文博
插　　画　朱培芳
责任印制　洪中丽
责任校对　张艳琼

创意策划　云南片语传媒有限公司
排版设计　云南片语传媒有限公司
网　　址　www.pianyumedia.com

本卷摄影　付士凯　李　尚
图片提供　红河州各县市旅游局（委）

《千年哈尼梯田》
红河哈尼族彝族自治州旅游发展委员会 编

出　版　云南出版集团　云南人民出版社
发　行　云南人民出版社
地　址　昆明市环城西路609号
邮　编　650034
网　址　http://www.ynpph.com.cn
E-mail　ynrms@sina.cn
开　本　787 × 1092mm　1/16
印　张　12.875
字　数　180千
版　次　2015年4月第1版第1次印刷
印　刷　昆明亮彩印务有限公司
书　号　ISBN 978-7-222-13054-8
定　价　38.00元

序

红河流域的人文史诗

红河流域荡漾着动人而神秘的人文地理传奇，我有幸拜读了由红河哈尼族彝族自治州旅游发展委员会汇编的这一套丛书，它以美仑美奂的书写结构，诠释了《千年哈尼梯田》《千年临安古城》《千年建水紫陶》《百年滇越铁路》《百年开埠通商》《百年云锡矿业》《百年过桥米线》的人文历史地理风俗史貌。

哈尼梯田是一部古老的史诗，大约在一千三百多年前的南诏时期，哈尼人已经学会了在层层叠叠的梯田中镌刻铭文，那些关于天、地、人的传说，被哈尼人的先民吟唱成原始的歌谣，形成了巨大的史诗般的韵律，在历史的岁月中撞击着大地。依赖于这种韵律和神秘的思想，我们就能够衡量梯田神学中的符号，尽管它是那样飘渺无边；尽管它充满了时间的磨砺和煎熬，然而，这些东西就是哈尼梯田的背景，时间构成了哈尼梯田的史诗，梯田生长着永生不灭的稻穗是哈尼梯田的戏剧，梯田上漫溢的水和阳光是哈尼梯田的哲学，所有这些东西都代表着哈尼人的感情和思想境界，正像哈尼人在远古时期创造着一个狭窄的由深渊抵达云端以上的梯田文化一样，哈尼人崇拜土地和稻谷的那种热情和创造力，使他们留下了永恒的梯田文化史。

与临安古城的相遇，仿佛是前世的机缘。《千年临安古城》弥漫着梦一样斑斓的古风，在它悠久岁月中的怀抱，我们漫步、品尝，在转眼间仿佛又回到了另一个古老的朝代。当我们来到建水，在一个绿色的静寂的早晨，怀着肃穆的心情，奔赴建水文庙时，那里正在举行着祭祀舞，所有的礼乐器具显得那样朴素无华，然而，每个人似乎都在准备着用心灵来倾听每一种乐器的旋律。建水文庙用历经了时间的锦绣文章谱写了它独特的文化传颂。在《千年临安古城》一书中，我仿佛被转世的灵魂牵引着前行，在建水文庙，我猜测着圣人孔子来到建水文庙的那个秋天，整座文庙飘忽着菩提的气息和心若止水的清澈味道。孔子是悄无声息垂临的，他依然以不重不轻的步履来到此地，像过去任何时刻一样，孔子造访之地，当然是为了讲学，即在这个茫茫世界上，用孔子思想造就一座神圣殿堂，以此让这个世界蒙受黑暗和迷津之雾所笼罩者，寻找到圣典，孔子来了，他的众多学生也来了。

《千年建水紫陶》伴随着整个临安的脚步从千年走来，在千年临安古老的光芒中，我们通过一个又一个轮回的紫陶工艺史，感受到了紫陶在千年建水的演变。建水紫陶是随同人类文明史发展到今天最奇美的手工艺品。

而在《千年建水紫陶》中，我们仿佛触摸到了这深刻的追溯，以及来自一代又一代陶艺大师们对于工艺永不疲倦的探索和追求。当我每一次来到建水，穿越着古老的街巷文化时，都能寻到紫陶，寻到那些传承着优美而神秘的陶艺魔法，感受到紫陶制作的工艺史，以及那一幕幕震撼世界的精美艺术。

滇越铁路是红河流域另一条人文的遗梦，每当这一刻，我仿佛又听见了火车的哐当声，多年以前我曾经踏上这条铁路，并完成了长篇小说《碧色寨之恋》。十九世纪末期，战乱、混沌、黑暗和死亡交织在世界历史之中，当十九世纪异域人的脚步声抵达中越边界时，法国人来了。他们看到了中国云南的广大山川，他们很快就以各种理由和形式组成了考察队伍，首次进入红河流域……之后便是悲歌绵绵之下滇越铁路的路殇之歌。我们知道，火车的创造是为了缩短人类目击不到的漫长距离。诸神所创造的万千距离是为了测量和衡量人类之心到底有多远?人类之幻想和现实的力量到底能走多远? 在《百年滇越铁路》一书中，我们仿佛又一次看到了米轨跑过的一百年，我们又一次来到了碧色寨、人字桥……我们在这一幕幕历史的聚焦镜头下，一次次的感受着伟大而孤寂的时间，回首那些历史的遗梦，忍不住的泪光在眼前闪烁。

《百年云锡矿业》就像红河流域最古老的一张张充满沧桑的面孔，红河个旧地区，从五万年前就有人类生息，及至西汉随着中原文化的渗透，锡、银、铅采冶业兴起，今天，个旧的山山水水都充斥着时间足迹中的熔炼，它像一座永不谢幕的舞台，不断的演绎着云锡的繁荣与衰败……通过它的往事与沉浮，我们读到了其中的忧怀与奋起的熔炼史。

就是在这样一个沧桑的红河流域却诞生了云南省的第一个海关、第一个电报局、第一个邮政局、第一家外资银行……《百年开埠通商》就是忽必烈的边城，就是碧色寨、中越古道间已流逝的蛮耗遗梦、就是迤萨古镇伸向异域的马帮之旅……

史诗般的地方，一定会存在着值得探寻的美食文化，《百年过桥米线》追溯到了一个区域关于过桥米线的风俗史。人类生活离不开风俗，生命存在一息就必须依赖这些历史上的风俗演义，使我们的生命饱受过往事物的滋养。民以食为天，《百年过桥米线》宛如一匹匹乳白色的丝线，养育了一代又一代红河流域的百姓，此外，它以精美而朴素的制作流程，携带着被一个个故事所传唱的美味闻名于世界。

红河流域的人文史诗，是属于世界庆典中的人文境遇，当我手捧这一套精美的图书时，仿佛又回到了这座美丽的版图。

那些低飞的或高空的鸟看见了这个世界，
当百年滇越铁路像梦一样荡漾在眼前时，
造梦的旅行者们将带着古老或年轻的画卷抵达红河的岸，
我希望这个世界上最美的秘境深处的江流深情的流淌，
我希望旅游者能坐在半山腰的哈尼梯田看到古老的物种传颂，
我希望在红河流域的人文史诗中保留着人类世世代代的奇迹，
我希望在这一本本书中收藏或吐露着人类生命史上最永恒不变的秘密……

海　男

他们一去再去，找什么？哈尼人祖祖辈辈，守什么？

哀牢山深处那些如有神助的生活灵感效法何人？

在惊艳与寻常之间的，究竟是什么？

是时候结束“到此一游”了。

是时候摒弃下车拍照、上车睡觉的走马观花了。

它的存在不是为了被轻浮地围观，

和你一样，

它期待的或许是一场诚挚的探究与相伴。

目录 CONTENTS

前言 千年哈尼梯田，民族精神的雕刻 /01

开篇 关于梯田，他们说 /05

壹 法自山灵水韵 /11

四度同构 活态世界文化遗产的灵魂 /12

元阳 一丘一壑也风流 /16

把田种到天上去 /16

人工湿地，天然文章 /22

回不去诺玛阿美，再建个世外桃源 /28

神与人的诗意栖居 /32

舌尖上的世界遗产 /37

秧姑娘嫁给田伙子，泥巴谷子缘定三生 /42

秋千上荡来个媳妇 /44

春天里的男扮女装小分队 /48

生于野，着于身 /54

元阳游赏线路设计 /56

红河 云来雾往，见辽阔之地 /58

迟到的盛名，惊世的盛景 /59

红河民族风 /62

云雾深处的美丽家园 /65

东门街 12 号和南门街 4 号 /69

梯田萌宠 /72

唯自然与生命不可辜负 /75

红河游赏线路设计 /78

绿春　不负绿水，不负春山　/80

写给探险者的情书 /81

万物有灵且美 /85

太阳从西边升起 /88

但丁河里洗个澡 /91

一碗退敌 /94

饭桌上的生灵密码 /97

绿春游赏线路设计 /100

金平　在国境边边上　/102

大隐隐于市 /103

在国境边边上 /108

蝶梦水云乡 /111

生而为人，可喜可贺 /114

瑶女有三宝：男人、银饰、神瑶药 /121

文艺复兴的种子 /124

金平游赏线路设计 /129

目录 CONTENTS

四时风月此间人 /133

把哈尼族唱给你听 /134

挑大梁的哈尼族妇女 /137

末代乡绅：土豪中的贵族 /140

梯田摄影师与哈尼下午茶 /143

边地手作达人：爱在山穷水尽处 /146

说鸟语的性情中人 /149

远行与回归 /152

火影歌者 /154

古老腔调的年轻代言人 /158

远走世外，相逢于斯 /164

梯田顽主：住在太阳升起的地方 /166

马帮客栈猜想 /174

做一回实实在在的行脚僧 /178

家国天下，尽在一筒 /180

附录 梯田四县环线交通手绘图 /184

红河州少数民族重要节庆 /186

后记 /188

千年哈尼梯田，民族精神的雕刻

当哈尼族进入云南亚热带哀牢山脉的时候，面对茫茫群山和无底深谷，绝望之下最终做出了在哀牢山扎根的选择，创立了完美的“高山森林，中山村寨，低山梯田”的生产生活空间格局，演绎了独特的自然宇宙观以及建筑在自然宇宙观之上的自然人生观。

绵延整个红河南岸的红河、元阳、绿春、金平等县，拥有这种民族文化与自然生态巧妙结合的自然典范：上百万亩梯田奇观。从明代大农学家徐光启将其列为中国农耕史上七大田制之一，到公元2013年元阳梯田成功申遗，哀牢山深处这无数梯田令世人震撼的历史、科学、美学和使用价值，仍旧未能全部展示完尽。

千百年来哈尼人对大山的倾心打磨，已经让哈尼梯田成为了一件硕大无比的艺术品，它随四季的变幻呈现出种种神奇和壮美，那些线条和韵律，被纷至沓往的人们称之为大地的艺术。

但盛名之下，每个人心中都有一片不同于世的哈尼梯田。

如果问潮涌般的摄影者和驴友，哈尼梯田究竟有什么值得你一去再去，他们多半会指着相机回答，那里有能够一再抹杀菲林的神奇光影啊。

如果问梯田埂子上担柴而过的哈尼人，他多半也很好奇前者到底为什么，看什么。对他们而言，所置身的环境与细节，是几千年遗留下来的日常：日子本来就是这样过。

他们一去再去，找什么？哈尼人祖祖辈辈，守什么？关于服饰、节日、歌舞、劳作，种种细节中的繁复典美，那些如有神助的灵感效法何人？与汉地人的“创作”理念不同，过去的无数哈尼人并不识文断字，他们起初甚至丢失了文字，他们如何保留下他们视作寻常的这些“日子”？

藏在惊艳与寻常之间的，究竟是什么？

对世界来说，梯田是一个五彩斑斓的文化灵感之源；对哈尼人来说，梯田是休养生息的乐土；对走遍天涯的旅者来说，梯田或许是肉体和精神的终极家园。无论它所承载的是什么，都并不会仅仅只是人们所看到的它的一角。

关于梯田，他们说

徐光启　明代农学家

“世间梯田多等夷，有田世外谁题名，非水非陆何所兮，危岭峻峦无田蹊，层蹬横削高为梯，举手相之足始脐，抠会前向防岭挤，细作有具仍兼携。”

卢世华　40岁　最早的梯田农家乐开辟者

记得第一个来我这儿住宿的外国人是个法国人，现在世界各地的人都来了。

以前我们见了外面的人都不敢说话，现在哈尼人保护梯田和哈尼文化的意识越来越强了，面对外面的世界也更自信了。

云飞　33岁　摄影师

在这里我发现自己手里的相机几乎没有用，镜头所能记录的太苍白、太局限。于是后来再去哈尼梯田，我选择了不带相机，而是住在哈尼人家，每天和他们一同起居劳作。这对于一个职业摄影人来说，简直太不可思议了。

胡阿姨　60岁　客栈老板

我的脊椎上有四颗钢钉，是八年前第一次来梯田做代课老师时走山路摔的。不过和在这里的惬意生活相比，这点伤算不得什么。我现在还能背十公斤菜从胜村走到普高老寨，我觉得我才十八。

阿琳　26岁　上班族

印象最深刻的是30多种食材调制成一碗的哈尼蘸水，太惊艳了。这种对食物的细致心意，城市里实在罕见。然后，这里能够采摘即食的野菜很多，只要随身带一小包百搭的哈尼豆豉，野味随时随地都有。

老齐　30岁　户外爱好者

谁说少数民族保守落后？奕车姑娘的热裤和白宏姑娘的露脐装证明这个论断是错的啊。这种坦然于天地的观念岂是“开放或保守”的狭隘评论能揣测的呢？

Aaron　35岁　瑞士自由设计师

我能说哈尼梯田代表了我对西南部中国的想象吗？古老、神秘，古代中国人的智慧应该成为全世界的骄傲。今天的中国人有些焦虑，他们真应该来看看这里一边种地一边唱歌的农民。不过，我还是不希望有更多的人来。

被雨淋湿的猫　29岁　老师

第一次听说“血米”，我吓了一跳。后来发现是个误会。这种哈尼族特有的血红色原生态水稻，既甜糯又保健，别处几乎见不到。听说它已经在高山上维持了千年不退化，真是个谜。

小山　20岁　徒步者

之所以选择来这里徒步，是因为我的一个朋友。他是个残疾人，但他曾经走遍哈尼梯田，留给我很多美好照片。他说哈尼人很热情，都忘了多少次经过哈尼人家的时候被邀请进去喝酒，醒来总是忘了在徒步这件事。

ONE

法自山灵水韵

欧洲思想家罗曼·罗兰有句广为流传的话："世上只有一种英雄主义，就是在认清生活真相之后依然热爱生活。"被迫迁离故土诺玛阿美，顽强迁徙七次，历经无数磨难，而后终于建立起崭新世外桃源的哈尼人，或许恰是这一生活方式的最佳写照与践行者。

远古时代因为异族入侵而展开的历史大迁徙，彻底改变了哈尼族的命运。他们远离了北方的草原，掩埋了自己民族的文字，从平原迂回迁至山地，引水至海拔近3000米的哀牢深山，鬼斧神工开凿出绵延百里的层层叠叠，民族的奋斗促使茫茫哀牢山脉成了哈尼民族平地农耕的移置地和创造了梯田奇迹的生存空间。

在广漠的历史长河中，世代哈尼人用整个民族的心力来挖筑梯田和建设家园，每个哈尼子孙终其一生都与梯田相系。曾有哈尼族专家说："每道梯田的下面，都掩埋着我们祖先的累累白骨，每一块梯田的下面都有哈尼的祖先在守望。"

以精耕善治梯田而逐渐著称于世的哈尼族，农耕生产生活中用水的独特方式，对森林的虔诚崇拜，以及节日庆典、人生礼仪、璀璨的服饰、歌舞文学均以梯田为核心，也逐渐体现着与自然高度合一的人文精神和水准。

曾经南迁的历史是哈尼族永久的伤痛和烙印，但他们早已把一切苦痛记忆留在世代传唱的哈尼古歌当中，而将生之力量与人格镌刻在无言大山之上。如果说，这便是英雄主义，那么这样的"英雄主义"无意中所创下的惊世之美，归根结底是对自然的敬畏与效法。选择道法自然，也便选择了美。

哈尼人的生活与劳作，自此处处灵感绽现。

四度同构

活态世界文化遗产的灵魂

『哈尼的寨子在哪里？
在骏马一样的高山上；
寨头的山梁像三个手指，
一直伸到寨子头上；
中间的山梁是寨子的枕头，
两边的山梁是寨子的扶手；
寨子下方还要有三个山包，
有了这样的山梁和山包，
十个男人合心了，
十个女人爱着了。

再瞧寨头的山坡上，
有没有茂密的寨神林，
神树像不像筷子一样直，
神树像不像牛腰一样壮。
有没有姑娘眼睛一样亮的龙潭水，
是压着泉眼的地方；
有了敬神的神林，
十个哈尼晚上也睡得安心了，
百个哈尼也能把好儿女生养……』

在这部叫作《普祖普德》的古歌中，详细记录了哈尼人对村寨规划，以及村寨四周山形、地势、水源、树林等自然环境近乎苛刻的要求。古歌规定所有的哈尼村寨必须符合这样的生态要求：村寨上方要矗立着茂密的森林，提供着水利、用材、薪炭之源，其中最神圣的是寨神林。村寨下方是层层的梯田，那里提供着哈尼人生存发展需要的粮食。天时地利之下，哈尼人幸运地选到了这样的居所。哀牢山下河坝区的高温把红河、藤条江的水分大量蒸发升空，水蒸气在半山区受到冷空气的冷却和挤压，形成终年缭绕的大雾和云海，在高山区则凝聚成雨水，降落在亘古以来的原始森林中，被森林吸收贮藏后，又形成无数溪流和瀑布，滋养沿山而建的寨子和田地。至此，以水的流程为经线，村寨在上，梯田在下，层层梯田相互串连成为水的通道，最后又复归于江河。如此经年循环不息。

这就是后来被生态学家们惊叹为江河、森林、村寨、梯田四度同构，人与自然高度协调，可持续发展的哈尼梯田生态系统。它既是哈尼梯田的构成原理，也是哈尼人对世界农耕文明的独特贡献。

哈尼族日常生活中有一个叫作“霍甲霍森森”的习俗，意思是“小娃娃开梯田玩”。这是一种儿童们经常玩的游戏，他们每人都有一把小锄头，在地上模仿大人开梯田。虽然是玩耍，他们和大人开梯田的程序却是完全一样的。先开水沟，真的把水引进沟里，再用泥巴筑起迷你梯田，最后把水沟里的水引进梯田。

由此可知，作为哈尼梯田命脉，水沟是一个贯穿所有要素的关键。一千多年前，哈尼族来到哀牢山，所做的第一件事就是在崇山峻岭中“挖大沟”。

哈尼人挖大沟的技巧堪称天下一绝。无论是需要跨岭越涧还是开凿岩石，只要有水源，哈尼人就要去挖大沟。遇到深涧，就用竹子、棕树凿成枧槽凌空引水，这样的枧槽可以长达数十里，远望如蜿蜒的长蛇。遇到岩石，就架起柴火把岩石烧红，再用冷水泼上去炸开。

元阳的4600条大沟无一不是这样挖出来的。

大沟下面安寨子，寨子下面筑梯田，这样的安置可不完全出于引水的需要。如果梯田在上方，哈尼人爬坡上坎来到田边，可能已经累得无法干活。而梯田在下，正好缩短了劳动半径。

如何分配水源，这又是一个至关重要的问题。但是哈尼人只用了一个简单的办法就解决了，那就是刻木分水。分水量由一根刻了凹槽的横木所决定。槽的宽窄又由挖沟时各家投入劳力、钱粮的多少来决定，公平合理，绝无纠纷。可以说这些坚毅而原始的劳作机制，恰恰是一种超凡的生存智慧。

哀牢山区原本并无湿地。哈尼人到来之前虽然生态尚好，但因连年山洪冲刷，使水土大量流失。哈尼人建造了遍布群山的梯田后，这里就出现了一块巨大的“地球之肾”，补救了大自然的不足，其蓄洪防旱、调节气候、保持水土、降解污染的湿地功能非常显著，堪称经典。它因此引起国际社会的广泛关注。

同为世界文化遗产，与长城、故宫、埃及金字塔、印度泰姬陵等这些人类杰作所不同的是，哈尼梯田是一千三百多年来哈尼人长期不断、历代耕作的旷世奇迹，这个奇迹不是一时一地的人类智慧的汇聚，而是哈尼人千年的智慧结晶，它更需要今天及未来的人类永不休眠的“修筑”，这个奇迹既是过去、现在和未来的哈尼人赖以生存的物质源泉与精神源泉，也是人类文化与自然山水共生的奇观，它更是一个用完整生物圈造就的活态世界文化遗产！

今天，四度同构的哈尼梯田成为了一个充满活力的世界遗产，元阳的19万亩梯田仍在养育着全县38万人口，4600条大沟仍在灌溉着千山万岭的梯田，安放在各处的分水刻木仍在公平合理地分配着栽秧水……这种人与自然水乳交融、血肉相连的生存方式和生存智慧，正是作为一项人类遗产，真正的价值与精华所在。

元阳

一丘一壑也风流

登泰山观日出，无海。海上观日落，无山。良辰美景恰好，多半又是人力难至的荒僻地。景与景，景与人，如同世事终是难得万全。这里却山、海、田、寨兼容相续，不负奇观二字。而景观奇迹只有浸润人文的精髓，才能彰显它真正的价值与意义，偏巧这里也占尽人和。于是元阳千丘万壑，终成为绮幻风流之地。

把田种到天上去

老虎嘴、多依树、坝达梯田

云雾缭绕的哈尼梯田，滋养了白鹇一样美丽的哈尼少女。伴着懵懂的初恋，她热烈地渴望着山外的世界。然而，恋人回城，少女之恋无疾而终。她在雨中痛哭，跌倒在稻田里。奶奶在田埂上唱起古老的歌谣，召回了她迷路的灵魂。从悲伤的梦中醒来，她不再心心念念城里的电梯，面对祖祖辈辈生长于斯的梯田，露出纯美如昔的笑容。

电梯还是天梯？梯田少女和文艺青年都在思考的问题

电影《婼玛的十七岁》通过一个诗意的爱情故事，让许多人记住了哈尼梯田如画的田园风光，同时好奇：那云雾和古歌何以勾住少年人不羁的心，甚至足以抵挡山外的花花宇宙？

电影上映10年后，哈尼梯田申遗成功，电影主要取景地、世遗核心区元阳梯田名满天下，先是以"大地雕塑"之美名占据了各大旅游摄影网站的精华置顶位，后在百花齐放的社交网络上被神化为仙境"天梯"。

不胜刷屏之扰的文艺青年一直在思考：如何抵达生活之美？电梯还是天梯？

一万次枯对手机屏幕的诘问不如一次说走就走的旅行。

以梦为马，虎口种田

在前往元阳梯田的山路上，如影随形的浓雾做足"天梯"的气场。尽管没赶上壮丽的夕阳，也无缘见到苍鹰从悬崖下飞过，所幸云雾收了神通，我们得见以险峻著称的老虎嘴梯田，在"虎口"眺望世界上最壮观的梯田，在鬼斧神工的线条与光影间驰

骋想象力。但真正见识到梯田的魅力，还是因为偶然听到了真实版的“娮玛”故事：

旅游车司机李师傅，是家住梯田脚下彝族村落勐品村的80后，他的族人从元代便开始守护老虎嘴梯田。到了他这一代，大部分年轻人都像电影里的落霞一样进城打工，大约也是在娮玛那个年纪，他也渴望着外面的世界，却没离开大山。

种田之余，他开了10年旅游车。曾有一位马来西亚女游客爱上了他，但个中曲折他一笔带过，结局是他娶了邻村的哈尼族姑娘。像娮玛一样，他和妻子接过祖先用了千年的锄犁雕刻大地，也任风刀霜剑雕刻自己的身体。“出去打工的也要雇人种田，田不能荒，他们早晚会回来的。”他笃定地说。

在观景台左边，我看到了那片骏马一样奔腾的著名梯田——使哈尼梯田扬名世界的标志性景观、被法国媒体评为“1993年度世界七大奇迹”。想起一句歌词：“爱上一匹野马，可我的家里没有草原。”眼前的彝族年轻人，他的祖先在老虎的嘴里种田，还把大地雕刻成骏马的形状，豪迈至此、浪漫如斯，有这样的故乡，还要什么远方？

多依树的低调神仙

清晨的多依树梯田，足有三层楼高的开阔观景台上架满了长枪短炮，色彩缤纷的冲锋衣在黎明的寒雾中瑟缩攒动，人们虔诚地等待着世界上最具梦幻色彩的日出。云雾悠闲地打南边的山头儿遛跶到北边的普高老寨，各式高能相机镜头与梯田水面竞相捕捉云雾与晨曦的一举一动。

“暧暧远人村，依依墟里烟。你说雾里的村庄有没有住着神仙？”

“云无心以出岫，鸟倦飞而知还。归去来兮！农妇、山泉、有点儿田……”

两个戴眼镜的男青年终于不耐饥寒，钻进观景餐厅，一边咬着紫山药包，一边诗兴大发。

邻座，哈尼族的王大厨趁用餐早高峰之前吸溜着红米线，对两个游客的大惊小怪见怪不怪。点一支红河，他就是来自旁边寨子的神仙。

风水轮流转，时髦不消赶。当飞快的时代厌倦了飞快的电梯，哈尼人躬耕千年的梯田就慢得稀罕。你们说梯田是天梯、哈尼人是神仙，其实是你们走得太快，丢了心里的桃花源。

不过，王大厨可没空儿操心游客的心理建设问题，他盘算着下了班，去看看正在泡水的3亩田。

坝达文曲星

坝达梯田是元阳连片面积最大的一片梯田，最有接天的气势，也是看日落的上好地点。

工作人员小曹是个90后的哈尼族姑娘，大学主修英语，辅修日语，经常切换三种语言向游客推广哈尼语：“纳尼？您问这个LOGO里画着蚌壳和螃蟹是啥意思？Well, you know，我们哈尼人自称‘摩咪然里’，就是‘自然之子’，我们崇拜自然，石蚌和螃蟹喜欢挖泥，让梯田渠水畅通，所以被我们奉为水神……”

眼瞅着听者盯着远处的白云出神，小曹赶紧切换话题：“日本有位艺术家，‘怪

婆婆’草间弥生，她有件作品叫‘天堂之梯’，用的就是镜面无限反射原理，你看我们坝达梯田，3000多级台阶，全是镜面！比她的天梯更有气势吧？”

听者目瞪口呆，曹姑娘继续科普：“看见云最多、最高的山头了么？那儿正在建一个新的观景台呢，到时候就可以俯瞰天梯的全景了……另外一边，箐口村往上一点，正在建一家高级度假酒店呢，新加坡的著名奢华酒店品牌哦……”在这样带着仙气儿的地界遇见一个如此乡土又如此洋气的知识分子，莫非是文曲星下凡？

小贴士 *TIPS*

所谓“旺季”是“到此一游”观光客的说法，真正的玩家懂得欣赏梯田的四时风光，避开游客大潮才能听取专属的“蛙声一片”。

为保初次造访不留遗憾，建议购买一周通票，可保证看到至少一次多依树日出或老虎嘴/坝达日落。

详情请登录元阳哈尼梯田官网：http://www.yyhntt.com 或咨询电话：0873-5768035。

人工湿地，天然文章

哈尼梯田稻作系统之核心

“有收无收在于水，多收少收在于肥。”对于世代种田的哈尼人来说，这句古谚可以算作是他们擅于在水和肥料这两样事田利器上做文章的有力旁证。

在哈尼山乡，有两种树的影子随处可见。村民们从不敢擅动它一枝一叶，甚至将它当作树神来祭祀。只要山上有一片这样的树林，山下就会流淌出清澈泉水——他们对此深信不疑。千年的事实也证明了这一点。可以毫不夸张地说，因为有了这两种树所提供的水源，哈尼梯田才有今天的滋润容颜。

围绕这一万物之源，哈尼人又探索出一系列梯田涵养法则。这些法则高度融合自然与人文，不仅为世界展示美，也最终成为人工湿地的典范。

冬瓜木不盖房，棠梨木不建柱：梯田水源核心

粗糙皲裂的棕褐色树干，椭圆形叶片，有时缀着些卵形的小坚果——几乎每到一处村落，哈尼人无一例外都会带你去参观村子里这种朴实无华的树，这种仪式似的庄重既像是禀明某位神灵有客来访，又像是向远客展示某种珍贵的家藏。

这样一株或成片的树木，通常被垒砌的石块森严围住，庄严神圣不可侵犯，绝不允许女性靠近。凡每年祭祀都到这里举行，祈求保护山寨安宁、人畜兴旺、五谷丰登。

这种被称作水冬瓜的树，正是哈尼人世世代代供奉的寨神，是哈尼寨子的灵魂所在。那么，这种水冬瓜树究竟有什么能耐，竟成为哈尼人敬仰崇拜的寨神呢？

大概有此疑问的外地人不在少数，我们被微笑不语的当地人带去见证一个“奇迹”。在路边的一株水冬瓜树下，有人用树枝刨出一个坑。土坑刨好后，我们坐在一旁闲聊。大约十多分钟后，刨坑的人指着它神秘一笑，要我们低头看看。刚才还干燥的土坑里，此时竟神奇地聚起一汪清水，看得出水仍在缓缓浸润周围的泥土。

当地人解释，“等泥沙完全沉淀下去，这就是可以直接饮用的上好清泉啦。”并且我们还得知，这样的坑，如果挖到一定的规模，清泉便会源源不断，汇流成溪。

听村子里的长者介绍，自从有了梯田，这一千多年间，哈尼人虽然经历过几次大旱，但损失很小。而秘诀就在于这种几乎等同于天然森林小水库的树木！

据林学教科书介绍，水冬瓜树生长迅速，适应性强，材质较好，其叶为优质绿肥，树皮含单宁可提炼橡胶……木材不易开裂变形，容易加工，切面光滑，是较好的家具、农具、建筑或装修用材……正因为水冬瓜树有这么多优点，在红河南岸山区，人们把这种乡土树种列为生态造林的首选树种。

而水冬瓜树的天然更新能力又非常强，在阳光充足的林中空地、荒地以及沟谷湿润地带，在有滑坡或挖沟修路挖出来的新土上，会自然长出淡绿色的水冬瓜树，而且迅速成长为一片小树林，这就是水冬瓜树在种子成熟后随风飘散、自然播种的结果。

树生水，水浇田，田养树。这种永动循环在哈尼人看来，非神灵之力而不能创造出来。难怪哈尼人选择哀牢山挖梯田，就是看中了哀牢山上这些神作的水冬瓜林。

而另一种同样具备水分涵养超能力的棠梨树，也是因此才成为哈尼寨子的庇护。可以说，由于对这两种树的无限感恩，在世代相传的过程中，这种感恩逐渐上升为一种宗教般的情感。树逐渐被神话起来，成为庇佑哈尼人的神，不允许任何人破坏。于是在哈尼山寨，才有了冬瓜木和棠梨木不能用来盖房建柱的规矩。一句谚语，就这样保护了两个树种，为大山留住永恒的守护。

正因为哈尼人清楚地知道保护它们就是保护自己，所以哈尼人才会这样敬树如敬神，才会敬畏自然以保家园安宁！

小贴士 *TIPS*

在梯田这样坡度大的山区，如果没有很好的水土保持，所开之田会前功尽弃。哈尼人以树为守护神，将林木细分为神树林、村寨林、水源林，这些树林决不允许破坏，一旦有人违规，惩罚严厉。数个世纪以来，哈尼人小心翼翼地守护着他们的“森林—水源—梯田”系统。

水冬瓜树有个文雅的学名叫做“桤（qī）树”，意思是“外皮为鳞片状的树木”，可直观作为在田间地头寻找这一低调神树的标识。作为“四度同构”的核心，水冬瓜树在梯田地区有着广泛的群众基础，有许多以这种树命名的地方，比如新街镇冬瓜岭，长满古老的水冬瓜树。

刻木分水：民主且科学了千年的“水法”

在海拔800~2500米的高山区进行水稻种植，最重要的是水的来源。尽管哀牢山区的立体气候、立体地貌以及“山有多高，水有多高”的自然环境，为哈尼族的稻作农业提供了生生不息的水源，但是为了充分利用高山水源，在漫长的历史进程和长期的梯田农业实践中，一条不成文的“水法”应运而生。“刻木分水”的诞生，宣告了哈尼族在农田用水管理上早就进入了一个以公平合理为宗旨的法制社会。

您说这是民主？可不嘛，为了保证这满山遍野的梯田不论位置高低、面积大小、丰歉水年，都能充分合理有效利用水资源，还要避免村寨之间、村民之间因水发生纠纷，实现公开、公平分配用水量，哈尼族祖先发明了这套严密的“木刻分水”制度，不止民主，还很科学。

看来真正的智慧是经得起时间考验的。

刻木分水先由德高望重的老者牵头，根据各村各户每条水沟所需灌溉梯田面积的大小，经所有相关村民协商，规定每条水沟应该分得的用水量。在沟长的监督下，熟练的木匠用质地坚硬的木材刻出开口宽度大小不同的横木，然后把分水木刻安

放在总沟的分水口处，让水流按量分别流入各条分水沟。依照这一原理，到了下一个子或孙分水沟口，又根据每条沟所需灌溉梯田面积再次分水。以此类推，保证了每块梯田都能得到约定的用水量。

由于木料长期受水浸泡容易变形，有的石料丰富的寨子就会就地取材，改用硬度较大的石料来刻定分水量，就是石刻分水器。在一些村子还保留有巨大的分水石，少说也有1000年历史。

所谓“民主”和“科学”，说起来玄乎，其实只是在漫长的生活里留下了最简单实用的经验，不管是木刻还是石刻，刻度自在哈尼人心里。

小贴士 *TIPS*

“分水木刻”是保证哈尼梯田这一最美人工湿地正常运转的核心科技，如今在田边的大小水沟中仍可以见到木刻和石刻。

高山流水做快递：哈尼族独创“冲肥”法

有一种活水种植法，至今同样的方式仍未在其他地区、其他民族的农业中发现。这就是哈尼族独创的“冲肥”法。

过去对哈尼梯田缺乏真正认识和了解的一些调查研究认为，“从不见在梯田里施肥”是哈尼族梯田农业的缺陷和原始落后性。殊不知，能在险峻的地理环境中创造出与自然生态系统绝妙吻合、浑然天成的雄伟梯田，维持并发展了上千年的哀牢山文明，必定有其完善的农业体系。

千年前山高谷深，行走不便，不要说使用马车、小推车，就是扁担这样的工具也不适用，狭窄山路驮运的工具就是背篓。这样的条件，要像内地平坝那样施肥是不可能的。因此，利用高山流水直接把肥料运到田里，千年来显得尤为智慧和必要。

在哈尼族各村寨，村中都有一个大水塘，平时家禽牲畜粪便、垃圾灶灰积储在这里。等到栽秧时节，引来山水，搅拌肥塘，乌黑恶臭的肥水顺沟而下，流入梯田。如果某家要单独冲肥料入田，只要通知别家关闭水口，就可以单独冲肥。

除了人畜产生的肥料，每年雨季到来，在高山森林积蓄了一年的枯叶也顺山而下，流入山腰水沟。

小贴士 *TIPS*

事实上，哈尼族不仅利用独特的“冲肥”方式，还制作施用绿肥。绿肥以各种植物，如紫茎泽兰或飞机草加入蒿类植物泡入水塘，等到其腐烂发酵即可用来肥田。在食品安全备受关注的今天，这样纯天然、零化学添加的土地所孕育出来的高山血米，堪称稀有难得。

回不去诺玛阿美，再建个世外桃源

当“读万卷书，行万里路”的古训被演绎成“要么读书，要么旅行，身体和灵魂，必须有一个在路上”的网络金句时，我已经在路上流浪了一年。

当我们在谈论“家园”时我们在谈什么？

在晃荡了大半个中国、经过了不多也不少的舍与得之后，我只跟随内心的方向：寻找家园。在故乡与远方之间，寻找一个不委屈梦想也不疏于现实的家园。

我到了元阳。云雾深处的梯田，生长着哈尼人自给自足了一千年的生活，他们的家园有仙气、接地气。在普高老寨找一家客栈住下去，把大地雕塑、云海日出、梦幻夕阳看到审美疲劳，天一亮就流窜到田里围观哈尼老乡赶牛插秧，天黑跟他们去逮田螺捉泥鳅，围着火塘喝焖锅酒，听大哥唱起哈巴眼泛泪光，看大嫂轻拍着熟睡的小孩缝衣裳，蘑菇房里满是令人微醺的安详……

理想国、桃花源、天堂……就是这样了吗？可是，古代名士经过现实的挫折才甘心归隐田园，小国寡民也只存在于圣贤想象的乌托邦。在这个飞快而精彩的时代，还这样慢与不争真的好吗？淡泊是以明志还是消极？我有些恍惚。

回不去的故乡叫诺玛阿美

人在迷茫时最需要朋友，尤其是正能量的朋友。自从在坝达梯田被天上掉下的“文曲星”小曹侃晕了之后，我彻底成了这个90后哈尼姑娘的粉丝。当我无法用哈尼人千年如一的男耕女织说服自己留下来时，就去找小曹看夕阳。

“你知道‘诺玛阿美’吗？”在坝达观景台，小曹问。我想起电影《婼玛的十七岁》，就猜是一个关于叫“诺玛”的哈尼美女的故事。

“没那么浪漫……不，比美女浪漫多了……”小曹望着风起云涌，竟语无伦次。“在哈尼话里，‘诺玛阿美’就是有黑水环绕的平地。”一说到母语，“文曲星”就回来了。“诺玛阿美地势开阔，土地肥沃，水草丰美，我们哈尼族的先祖曾经在那里繁衍生息，种出了吃不完的粮食，养肥了数不清的牛马……那是世界上最好在的地方！”夕阳在小曹的眼里燃烧了起来。

我想到哈尼族没有文字，便猜这只是传说。“是真的！”小曹抢道，“就在大渡河以南，今天的四川西昌一带，在汉族文献里，大渡河被称为‘黑水’，就是‘诺玛’。诺玛阿美是哈尼族的根，虽然再也回不去了，但永远是哈尼人心中的圣地。”

夕阳竭力辉煌，万亩梯田波光潋滟，水面映出一万个太阳。到不了的叫远方，回不去的是家乡。那一刻，无法停止流浪的背包客，和客居了一千年的哈尼人，同是天涯沦落人。

此心安处是吾乡

“诺美阿美太好在，引起了外族人嫉妒，他们挑起战争，哈尼人不善战，被迫南迁，后来又遇见了洪水、疫病，还有敌人不断进犯……经过至少七次大迁徙，我们的族人不断离散，就有了现在的30多个哈尼支系，光云南境内就有140多万哈尼人，人丁兴旺！”本来挺悲壮一故事，小曹楞是讲出了喜剧色彩。

我脑补了一下哈尼版“在路上”的情景，相当于以至少1300年前的条件徒步川藏线滇藏线，还要随时对付毒蛇猛兽天险强敌……太血腥了！“你们不恨那些外族人吗？同仇敌忾也足以保卫家园了啊！”我不禁感慨。

“哪有时间恨？活命要紧！后来我们不是找到了红河南岸的哀牢山吗？再后来，你知道的，我们还要忙着‘雕刻大地’呢。”小曹居然没心没肺地笑起来。

回不去诺玛阿美，就再建个世外桃源？好吧，看在作品这么赞的份儿上，我服了！

晚霞将梯田染成绯红，大地被妖娆的等高线切割成无数抹水漾胭脂，哈尼人只是因地势、巧用水，便“雕刻”出了这样天才的作品。老子盛赞“上善若水”，靠水生存的哈尼人也师承了水的“上善”。“夫惟不争，故无尤”，无论对人还是对自然，哈尼人都一以贯之地“不争”，这才是他们最宝贵的精神家园“诺玛阿美”吧！

小贴士 *TIPS*

关于诺玛阿美的传说和哈尼族的历史，现已有许多文献可供参考，作为入门级的权威读物，推荐哈尼迁徙史诗《哈尼阿培聪坡坡》和《话说红河—元阳》。

参观全世界唯一的哈尼文化博物馆——红河州绿春县博物馆，多维感官加深学习体会。

有了足够的知识储备之后，您就可以深入哈尼村寨寻找贝玛、欣赏神圣的哈巴古歌了。

神与人的诗意栖居

元阳观音山

太阳爬上了高高的观音山，

比生命更为短暂的是时间。

——哈尼族诗人 哥布 《重返爱春》

中国很多地方都有一座观音山，比如范冰冰东京封后的电影《观音山》中那座、你家附近那座，以及元阳那座。唱得出诗歌，吐得出太阳，拉得了家常，做得了偶像，讲得通科学，扛得起信仰。元阳观音山，是天神的山，也是人民的山。

在那太阳和云海升起的地方

到过元阳梯田的人应该都见过观音山。每天黎明，都有几百号人聚集在多依树梯田观景台，翘首企盼对面五指山“吐日”的惊艳瞬间。中指是这座五指山的最高峰，哈尼人称它为“奎音”山，汉人讹传为观音山。就是这座海拔近3000米的山峰遮挡，多依树梯田的日出才总是姗姗来迟。

在那云海升起、Hold住太阳的地方，到底有没有住着神仙？答案是肯定的：观音

山被茂密的原始森林和次生林覆盖，是元阳梯田重要的水源涵养地，对于崇拜自然神的哈尼人来说，实在是神圣异常。

当看遍了元阳的所有梯田，对“大地雕塑”审美疲劳时，徒步观音山是一条聪明的路线，相当于和水一起经历一次梯田系统内的轮回，哀牢山换了一副面孔矗立在眼前，既是膜拜自然，又是回归自然。

上山的路并不陡峭，距离也适中，从多依树村出发，优哉游哉走上1个小时，梯田就把连绵交接给了森林。从此开始和云比肩而行，看着雾变成一条龙飞向山顶，梦幻就那样真实地发生，神山也越来越触手可及。远看雾气昭昭，近看影影绰绰，走近一看，有座庙。

塑座偶像拉家常

观音山上观音阁，是我见过的最可爱的宗教场所。

进山门之前，同行的本地青年小马拉着我们看挂在松树上许愿的红色布条，说这个是他为父母许的，那个是为他表妹许的，找了半天却丢了自己的，他笑说一定是被观音菩萨收走特别加持去了。

不像许多大庙那样要花重金买门票请高香，这座观音阁更大程度上回归了寺庙的初始功能。十里八村各族居民你出50元我出100块建起这座庙，初一十五来烧香许愿，看见自己的名字稳稳刻在功德碑上，顿感踏实。平时心里不舒坦了，坐在大殿里跟并不轩昂的菩萨像聊聊天，就像对着一个可以保守秘密的知心大姐一样亲切放松。自家庙里，信仰就是日常生活的一间别院。

“家家阿弥陀，户户观世音”，观音菩萨本来就没架子，大慈大悲，有求必应，堪称中国最具人气的偶像。尽管这里的菩萨像塑得拙稚，但百姓的虔诚可鉴，我的凡心都被感动了，何况菩萨？

确切来说，这只是一座佛殿，因为没有僧人驻锡，只有一位居士大爹守着院子。老头儿坐在偏殿寝室的门槛上晒太阳，小孙子小孙女绕着他嬉闹。院子中央有两棵菩提树，一棵已经吐芽儿，另一棵自打去年一场罕见的大雪便开始冬眠，至今还没醒。

搭档吴小姐捏了两片大爹晒的茶嚼了嚼，说，这里是最符合她想象的禅修地。

小贴士 *TIPS*

元阳有 63958.4 公顷森林，其中东西观音山的原始森林就有 18167.6 公顷，是元阳最重要的天然“水库”。

从多依树村有线路车可到达观音山，但为了不错过完美景观，建议徒步前往。

除了初一十五及重要佛教节日，观音阁住持大爹有时会上山采茶下山摘菜，且无预约电话，如果“小叩柴扉久不开”，那么请收好“寻隐者不遇”的风雅头奖兴尽而返。

舌尖上的世界遗产

梯田古稻红米

"红米饭那个南瓜汤/挖野菜那个也当粮/毛委员和我们在一起/餐餐味道香味道香……"在元阳田野调查的日子里，我经常在田埂上不由自主哼出这几句革命小调儿，然后吞吞口水继续干劲十足地"上山下乡"。

红米饭南瓜汤，挖野菜也当粮

一样的红米饭南瓜汤，在革命年代象征着艰苦，锻造了钢铁般的八路军队伍，到了和平年代，就成了人们忆苦思甜的稀罕物，调剂着现代人"脑满肠肥"的生活。为着这口饱含革命精神的粗粮野菜，我才每每奔了北京某著名江西菜馆，但作为招牌的红米饭却十次有八次估清。

而在元阳，我和当地人一样一日三餐吃红米：早餐是红米线、红米卷粉，煮的炒的卤的凉拌的，小锅煮的或配上各式浇头……换着花样吃一个星期也不重；剩下两餐，无论是在哈尼人家中，还是在镇上或景区的餐厅里，总有一桌子卖相朴素的梯田野菜，配上满满一小木桶喷香的红米饭，本来糙米就扛饿，再加上这无限供应的架势，给人无比的满足感。我这个肉食动物也甘之如饴，终于明白了"革命美食"的秘密——天然又美味的有机食品，大自然的馈赠就是力量。

秧姑娘嫁给田伙子，泥巴谷子缘定三生

开秧门节

阳春三月，草长莺飞，布谷啼叫，狗熊撒欢，空气中飘满荷尔蒙的味道，孤独的人是可耻的。泡了一冬天的梯田翻了翻身，哈尼族的姑娘和伙子们三五成群，下田插秧。顺便对对歌，互相丢丢泥巴、传传情……这不是《动物世界》，也不是《诗经·七月》，这是哈尼族每年的春耕序曲"开秧门"节。

种田也讲究阴阳调和

看了《婼玛的十七岁》，我就憧憬着去电影取景地元阳亲自打一场泥巴仗。那哪是泥巴？分明就是哈尼族年轻人的情书啊。劳动与爱情自古便是田野的双生儿，这种古老的仪式实在让我等远离土地的矜持青年血脉偾张。

到了元阳，我向哈尼族朋友小曹求证，得知现实中的"开秧门"果然如电影中一样热闹，有趣的是，这个节处处印证着阴阳调和的理论。

"哈尼族崇拜自然神，我们把秧叫'秧姑娘'，把田叫'田伙子'，插秧就叫'嫁姑娘'，犁田耙地叫'把田伙子打扮漂亮'。男女搭配，干活儿不累，这话听着俗，其实很有道理，凡事都要讲究阴阳调和嘛，我们哈尼族的祖先早就发现了这个秘密……"小曹再次充分表现出了对汉族和哈尼族文化的融会贯通。

"那姑娘和伙子互相打泥巴仗真的是表白的意思吗？"我迫不及待地问。

"呃，可以说表白只是附加功能，主要是为了祈祷丰收，我们认为，栽秧的年轻人要‘情逗’‘秧姑娘’和‘田伙子’，来年稻谷才会丰收。”小曹说。

泥巴大战三百回合

到了开秧门的日子，我跟着小曹一家欢天喜地去往她家的梯田，大家你拎一只鸡，我拎一壶苞谷酒，还有红鸡蛋、黄鳝、泥鳅和用黄饭花染成的糯米饭。穿着崭新的黑土布哈尼服饰的乡亲们也陆续走上田埂，大家聚集在寨神林周围吹拉弹唱、载歌载舞。

栽秧号响起，一位气场十足的大爹在田边的几棵育秧上拴了一小包糯米饭，小曹说这样做寓意着不缺秧，大爹拔下了一把秧举了起来，高声吆喝了一句哈尼话，小曹和其他人一起高声应和，没工夫给我翻译，我料想应该是领导宣布可以开动了，人们蛰伏了一个冬天的劳动热情瞬间被点燃，男人们把肩上挑的秧坨坨甩进田里，女人们也纷纷下田。男队女队之间一唱一和，一边对歌一边比赛栽秧。

小曹说，虽然现在很多年轻人都进城打工了，但他们很多人会为了开秧门专门回来，因为这是个专属于哈尼年轻人的节日。我环顾四周，果然在田里干活唱歌正起劲的都是青壮年，老人和小孩都在田埂上兴致勃勃地看热闹。

歌声达到高潮，泥巴飞了起来，我正呆着，突然被小曹拉着跳进田里。尽管不会栽秧，但为了丰收，“情逗”“秧姑娘”和“田伙子”的力还是要出的，管它会不会被“乱打鸳鸯泥”呢，先用泥巴大战三百回合再说！走你！

小贴士 *TIPS*

哈尼人栽秧的时节一般在农历的三月中旬至四月上旬，具体开秧门的时间各个村寨有所不同。

尽管“开秧门”节的气氛欢乐多过于隆重，但为了完整体验，建议参加时穿上一套崭新的哈尼族服饰，并且尝试着插秧。

如遇庄严的祭祀环节请务必尊重当地民族习惯，以免亵渎哈尼神灵。

秋千上荡来个媳妇

哈尼矻扎扎节

爱游山玩水的人喜欢到少数民族村寨做客是有道理的。除了山野里的奇特美食和老乡们的热情好客，吸引人的莫过于那些完全猜不到灵感来源的习俗和传统。时尚界年年兴起的潮流和风暴，到少数民族村落一看，不过是他们衣摆上延续千年的花边样式和挎在腰间上山下地的竹篓子罢了。

一起"官司"打来的狂欢

风格的定义属于灵感有限的都市人，少数民族天生是不拘于这些框条的野性人物。否则，哈尼山寨里也不会有来自西洋万圣节的假面舞会和东方远古活动荡秋千这样的混搭狂欢。

天还没亮，我就被哈尼族大嫂喊醒，说他们村里的小伙子要到村后砍磨秋杆，我可以跟随去看看。这个渲染了好几天的矻扎扎节的隆重气氛促使我立刻起床出发，虽然头一天凌晨我已经见证了全村人点着火把、背着竹筒到村脚取圣水这种盛大场面。

小伙子们在山上选到两棵结实的青松，坐下来削砍打磨好。黎明前他们又唱着山歌把秋杆抬到寨边的秋场，将一根木头栽进土里，顶端削细，再把长长的横杆从中间凿凹，架在上面。又用栗木和藤条搭好秋千。

全村人围着一架磨秋和一个秋千玩耍一日夜，我很期待，也很不解。于是上前问那个正在试磨秋的小伙子皮才。

“哈尼人开田烧山把栖息在田埂草丛中的蚂蚱、蚯蚓、蟋蟀都铲除了，这些小动物就相互邀约到天上找天神爷告状。天神答应惩罚人类，才平息了‘官司’呢。”

原来天神教哈尼人在农历六月打磨秋，小动物们看见哈尼人在磨秋上飞旋高喊，以为是天神把哈尼人一个个吊在空中打。

皮才口中这位智勇有爱的天神老爷着实逗乐了我。

秋千和舞会，中西大混搭

下午我和皮才的伙伴们早早等在秋场，只等村里德高望重的老人来开了秋就好亲自试一试了。

午饭后，越来越多盛装的男女聚集起来，到了吉时终于有老人来开秋。老者先推着磨秋左右转三转，再乘着秋千荡三上三下。皮才说三上意为高山森林茂密，三下意为来年丰收，把害虫赶跑。我又想起那个虫与人斗智斗勇的神话传说，不由又是一阵暗笑。

老者象征性地甩过几圈后，姑娘小伙们就可以放开玩了。这项活动显然已经演变成一场盛大的定情会。那些艺高胆大、身手不凡的小伙子，成了围观姑娘们暗暗爱慕的对象。

我这个外族人也在皮才的鼓励下上了磨秋。对面的人示意我坐好，然后双脚猛

一蹬地面，我就荡悠了起来。甩秋人的速度越来越快，围观的人不时喝彩助兴。我一面心惊，一面感慨哈尼青年这种物色心上人的方式也太率性野趣。相形之下城里人吃饭、看电影、逛街的约会三件套实在只是困顿之下的无聊消遣。这也才稍能体会这些习惯了席天幕地的哈尼人生产劳作中的种种灵感来自哪里。

听说一些村子的矻扎扎节还保留着撵秋习俗。皮才说临近的村子还有，想来我怕是无缘得见的。正想着，皮才忽然拉我，说撵秋的人来了。

从村口又唱又跳进来的一群小伙子果然身着奇装异服，打扮得怪模怪样。有的穿女孩的衣裤，有的戴了笋叶剪成的面罩，脖系铜铃，还有人头顶兽皮、身披蓑衣，甚至连野草、山花、鸡笼、烟锅子都成了身上的道具。

“这不是假面舞会嘛！”我惊叫起来。

皮才好奇地问我什么是假面舞会。我不知道从哪里对他解释西洋国的万圣节，只好敷衍地告诉他是浓缩版的撵秋。

看到撵秋队到来，原先围观的姑娘争先恐后上了磨秋，边唱边转。那些撵秋的小伙子慢慢就散在了姑娘群中，热烈坦率地交朋友、换信物。看来这是心上人相见的又一个契机。

“万一心仪的对象已婚或者心有所属，岂不表错情？”我很疑惑。

“哈哈，已婚的人这时只唱生产生活，山水景物，未婚的才可以唱情歌。别人一听就知道啦。”原来哈尼山寨早有了这种不成文的规定。

磨秋一直转到深夜，祭了神灵也觅得了佳偶的哈尼人才心满意足地散去。皮才说今年必然又是一个五谷丰登的大好年景。

小贴士 *TIPS*

矻扎扎节从每年农历六月第一轮属猪日开始，为期 3~5 天。各个哈尼族聚居山寨都有，有的乡寨在五月举行，但节日内容大同小异，主要活动为祭祀和打磨秋、荡秋千。

节日期间哈尼人自发表演扇子舞、竹棍舞、乐作舞等，可以说是哈尼歌舞的一次集中大赏。

矻扎扎节是红河州重要节日，因此届时全州都会放假 3 天，这时到红河州内旅游也是不错的选择。

春天里的男扮女装小分队

哈尼昂玛突节

春节过后第一个属龙日的清晨，一大群赤着脚、身穿黑粗布，30岁以上、已娶妻成人的哈尼汉子，赶着猪，背着烧煮工具，背篓里装了糯米，无声无息，不说外族人的话，低头快步，万般肃穆地走进了村庄之顶那片最为繁茂的密林。

这并不是你能猜到的狩猎或野炊，这群整装严肃的人是到密林深处找一个人。

泄露天机的“寨神”

说到这个众人寻找的“隐士”，不得不说到远古时期哈尼寨子里的一个人。

一个寡妇带着一个不务正业游手好闲、名叫阿奎的儿子。一日阿奎上山练靶，射落一只大老鹰，发现其嘴里叼着一条小蛇，他把小蛇带回家精心喂养。

小蛇竟是大海龙王的小儿子。龙子把阿奎带到大海，得到了龙王的一件谢礼：一颗戴上便能听懂世间所有动植物语言的通灵珠宝。

“洪水要来了，山要崩了，人们将活不成。”阿奎整日将珠宝带在身上，听见动植物们的很多秘密心声，这一句是最让他恐慌的。

阿奎即刻将听到的话告诉寨主，可寨主怎么肯信平日游手好闲的他。无奈之下，阿奎把寨子里所有人召集起来，说出了真相。

人们慌忙离开村庄，灾难真的就降临了。阿奎由于走漏了秘密，变成了一块永不能言的石头。

哈尼汉子们进树林找的就是这个救了整个山寨的阿奎。当然他早已化为石头。哈尼人重情，在石头旁边栽了树木缅怀他。他们要祭祀的便是这一片寨神林，而这一传统此后便成了整个哈尼族最重要的昂玛突节。

神秘鸡卦，一卦定生死

昂玛突节的灵魂人物，是舅舅“昂玛昂巍”。

“昂玛昂巍”，哈尼族语意为舅舅，舅舅是哈尼人心中地位最高的家人。

那个手捧黄饭、红蛋和酒，走在一群哈尼汉子最前头的，便是“昂玛昂巍”。进入寨神林，众人忙着烧水杀猪宰鸡，在“昂玛昂巍”的主持下把猪肉按户平均分配。

说来哈尼族习惯在集体大事之前占上一卦，卜卦方式也神秘多样，比如猪肝卦。而他们推举这个灵魂人物“昂玛昂巍”的方式，则是用鸡占卦。

寨子里筛选出只结过一次婚的已婚男子，由寨子里最老的人审核后，每名男子从家中带一只鸡到现任“昂玛昂巍”家看鸡卦。看鸡卦，其实就是占卜那只鸡主人的灵魂，假如他是“昂玛昂巍”，鸡必定有所示现。整个寨子的命运也系缚在这一卦之上。

“是我们的‘昂玛昂巍’没有当好，万物之神和祖先不认他，应该重选了。”如果灾难的阴霾时常笼罩哈尼村寨，寨子里的老人们就会这样提出来，直到选出最满意的人，继续传承、营造族人所敬仰的神灵栖所。

祭祀中最生动的情景，莫过于村子里添了人丁的人家对寨神的祭拜。父母背着初生的孩子，抱着公鸡，用烟酒、鞭炮、糖果尽情表达对寨神的崇敬心愿。结束后男人们摆开树叶上了酒宴，在祭司的祝酒词中众人兴高采烈地划拳敬酒。

直到夜幕降临，年轻媳妇和姑娘们才在寨子门前迎回祭祀的汉子们，开始新一轮的歌舞狂欢。

万物之神丢了，男扮女装为“昂玛”招魂

也有一种村寨祸乱，就连重选“昂玛昂巍”也无济于事了，那便是寨子里有人一病不起，有人行为怪异，有人受了惊吓不省人事。哈尼人认为，这是野鬼趁人不备把灵魂叼走了。最严重的是连“昂玛”也丢了魂。

“昂玛”是寨神林的神。如果魂丢在别处回不来，就意味着无法来到哈尼人的寨子。

于是，“昂玛突”后一些年，总会有哈尼寨子举行严肃悲壮的招魂仪式。

但“昂玛”是很羞涩的神，见了女人总会害羞，不管多高明的招魂师召唤，有女人在场都不会回来。全是男人去，也不行。因为没有女人，“昂玛”认为全寨人不诚心，毕竟世界由男人和女人组成。但自古以来哈尼女人不准踏入密林一步，这是雷打不动的族规。

不管怎样，矛盾还得解决，“昂玛”的魂必须找回来。

不知是谁最后想出了男扮女装的办法。“昂玛昂哈”看到青年男女弹着三弦，跳着舞来接他，虽然明知女人是男子装扮，但他还是欣然回到“昂玛”的神体间。

招魂途中，领头人“毕摩”唱出来的曲调，往往让人悸动哀恻，听闻的人无不觉得似乎世上最伟大的神也在召唤你回家。

小贴士 *TIPS*

“昂玛突”是哈尼族每年春耕开始前最盛大的节日，各地时间不一，一般为 1 月中旬，以元阳县俄扎乡哈播村最为著名（每年农历十二月初），为期 3~5 天。

节日期间举行寨神林祭祀、长街宴等活动，其中祭寨神林为最重要事项。

长街宴是街心酒席，要摆在村寨路上，十分热闹，值得参与。哈尼族忌讳女性踏入圣地“寨神林”。尊重起见，外客尽量不靠近寨神林探访或拍照。

生于野，着于身

哈尼蓝靛 / 板蓝根染

走村串寨的日子，我们得到一个新乐趣。几乎每一个哈尼村寨口，都搭有简易的草棚，棚子下面是一两眼流淌的天然山泉，供过路的人歇脚纳凉。我们的乐趣就是每经过一个村子，必去尝两口山泉。除了饱饮山泉，另一个发现则是泉眼附近总会另外有几口石砌的大池，池中盛满墨黑色的奇怪汁液。

“但愿能把蓝天穿在身上”

盛夏的一个傍晚，一个哈尼女子背着粮食走在陡峭山路上，不留神就重重地摔到了路下方一片绿油油的坡地上。姑娘爬起来，被汗水浸湿的衣服上却出现了斑斑点点的蓝色。她也很聪明，马上摘下几片被压在身下的植物茎叶，在手心里揉搓几下发现手掌果然变蓝了。

“多好的颜色，就像晴朗的天空一样，要是能把这种颜色穿在身上，岂不是就像把蓝天穿在了身上。”所以说哈尼人是天生的诗人和艺术家，这一跤摔出了设计灵感。

史料上记载的哈尼先民，衣着颜色是模仿原始森林里一种叫白鹇的鸟。我也曾经见过这种一袭白羽，颇有几分仙气的丛林大鸟，不过很难想象千年前一身雪色的哈尼服饰，后来的衣裳却变成了藏蓝色，这次不再模仿动物，而是一种草木染。

这种染料，该不会正是那位摔倒的姑娘发现的那种植物吧？

失手造就水墨青衣

那个因为摔倒而发现染料的故事，其实只是一个诗意化的版本。另一个版本则与战乱有关。

传说哈尼族南迁到今天大理洱海边时，非常羡慕白鹇鸟的洁白和无忧无虑，于是就模仿白鹇鸟穿起一身白衣。后因战争继续南逃，但白衣太显眼，不得不又模仿喜鹊穿一身黑白相间。但黑白相间仍然太起眼，外族再次追来，哈尼人经历了多次劫难。最终发现一种藏青色的植物染料，与深山密林浑然一体，于是从此才将衣裤染成了深蓝。

我们喝饱了山泉，进寨子问了村民才知道，那几池乌黑的汁液就是酿制中的染料。泡在其中的，正是大名鼎鼎的板蓝根。

其实那两个版本都已经无从考据，但最终让衣物染成蓝色的，关键还不是板蓝根。

摔跤的姑娘把板蓝根带回家，回想当时板蓝根沾到汗液才出汁变蓝的细节，就将它们都挖坑用水浸泡起来。过了一个星期，坑里的水确实变蓝了，白色的布却怎么泡都无法变成蓝色。

于是，大伙围在一起商量如何把布料染蓝而不褪色。这时，有一群在石头上烤火的小孩，其中一个不小心碰到一块被火烧热的石块，慌乱中把石块扔进蓝靛缸里，缸里冒起黑灰色的泡，水变得黑黝黝的。大人们看着奇怪，试着把布匹放进去浸煮。结果布匹黑亮亮的，怎么洗也不再褪色。

那块最终协助板蓝根成为天然染料的关键石头，就是石灰。

之后再到村口去喝山泉，总会坐下来看一会儿路上来来往往把蓝天穿在身上的哈尼人。

小贴士 *TIPS*

和大理的板蓝根扎染不同，红河地区的板蓝根染布很少花纹，一般为净蓝色土布，更为原始古朴。

由于外来布料很多，这种古老的工艺几乎失传，在元阳县箐口哈尼族民俗村仍然能见到较成规模的染布工艺。

在一些乡镇集市，如金平县的金平街、勐拉街、者米街等，逢街天还能买到这种土布，价格相对昂贵，整套衣物成品则在千元以上。

元阳游赏线路设计

看点

多依树看日出，坝达看日落、看云海，老虎嘴看日落，箐口看云中仙境。

线路

多依树—坝达—箐口—元阳县老镇（新街镇），从新街镇出发，三个主要梯田观景点相互间距离大概都在 10 公里左右，都在一条路上。

坝达看云海日落：从多依树去坝达看云海日落，路上拦车，10 元。日落：一般下午 16：30 后出发，大概 18：30 日落，这段时间梯田颜色变化最多。坝达看云海，随时可以去。

老虎嘴看日落：老虎嘴单独一个方向，最好在客栈组团包车去，从多依树或者新街镇过去需要 40 分钟，路上拦车也可。除非就一天时间，不建议包车。因为从新街镇到任何地方拦车 20 元最多，一般都是 15 元。老虎嘴 16：30 后去。

红河

云来雾往，见辽阔之地

如果有人问，世界上最壮观的梯田在哪里，想必很多答案会指向“元阳”。这样的回答或许是因为不知道有那么一句口口相传的话，“不到撒马坝，不知梯田大”。

在一个视角点，能将万亩梯田尽收眼底的观赏区撒马坝梯田，正是位于红河县境内。与“姊妹梯田”元阳的旖旎秀美不同，红河梯田满眼只剩摄人心魄的“辽阔”二字。若说这里的人文风情更加包罗万象，那必定是由于这一片化育无限生机的辽阔之地。

迟到的盛名，惊世的盛景

撒马坝梯田、甲寅梯田

就没见过这么大气的景区

红河县撒马坝梯田，传说中哈尼先祖在哀牢山区开垦的第一块神梯田——初角大田的所在，史书记载最早的哈尼梯田开垦地，世界上连片规模最大的哈尼梯田；崭新的二级公路一直修到山顶，路标清晰精准，观景台质优量足，完全是国家AAAAA级景区的配套设施，居然不收门票！

大气撒马坝，哈尼第一田

早春的清晨，撒马坝梯田最佳日出观景点“鲁亏巴底”，迎接我的是一棵黄山同款迎客松，和一个只有5名游客1条狗的硕大观景台。太阳还在阿姆山后酝酿情绪，磅礴翻涌的云海之下，是刷新我认知范围的辽阔梯田，不计其数的连绵田畦覆盖着亘古宁静的水面，宛如沧海与桑田同存的那个漫长瞬间，唯一应景的行为就是沉默。

云破日出，最激动的是那条狗，它一阵通透的欢呼打破了人们各自与天地的独处。戴彩色马赛克小礼帽的老爷子抬头看了它一眼，继续摆弄价格不菲的相机镜头，旁边一个户外装扮的男生报以一个歉意的微笑，原来他就是狗的主人，或者说旅伴。

户外男是从贵州徒步过来的，前几天崴了脚，捡了这条流浪狗。他在观景台旁边的停车场搭帐篷住了两晚，便以本地人自居，给我当起了向导：不到撒马坝，不知梯田大。1.4万亩、4000多级梯田，当之无愧的天下第一田。观景台旁边那棵迎客松，传说是撒马坝的拓荒者、大力士略斗哈玛的孙子的化身。

当户外男正在纠结是下山住院还是继续上路时，扫地的彝族大嫂已经不由分说把他按倒在地，接过她老公递来的白酒灌了一口，拽起他肿得像猪蹄的脚踝猛喷上去，双手使劲一搓，他一声惨叫。大嫂一边加大手劲儿，一边说："我给你治好了再走！饭我管了！"就没见过这么大气的景区工作人员。

妖娆他撒，花式梯田尽风流

人们说哈尼梯田藏于深山一千年不为世人所识，一定是习惯了孤独。要我说，孤独并不等于寂寞，何况哈尼梯田从来就不是稻谷的独自存在。且不说天上飞的田埂上跑的水下面游的动物们，光是高低错落姹紫嫣红的梯田植物就够热闹的了。哈尼梯田中色彩与造型最丰富的就要数甲寅乡的他撒梯田。

早春二月，一丛樱花绯红，几株新柳吐绿，在田间争奇斗艳。四季常青的棕榈树恪守着"梯田卫士"的忠厚，兀自簇立。蓝天白云，植物百态，皆倒映于田畦的水面上。在幸运地看到撒马坝的完美日出后，又见到多彩妖娆的他撒梯田，我努力回忆自己上辈子有没有拯救过地球。后来一想，一定是大力士略斗哈玛见我不贪慕著名景区的虚名，才把这免费的美景赐予我。

"卡哇伊内（好可爱）……"耳边传来一句我刚好能听得懂的日语，只见一个戴鸡冠帽的哈尼少女正笑吟吟地帮着一群人拍照，在一声声"阿里嘎多"之后以鞠躬回复，原来是一个哈尼向导带了一群日本游客。日本是著名的樱花之国，看惯了上野的樱花烂漫，这哈尼特色的绯樱绿柳映梯田，再加上美丽的哈尼少女，一定让这些日本游客惊艳无比。

小贴士 *TIPS*

红河县所有梯田都不收门票，撒马坝梯田有多处观景台，既可看日出又可看日落，他撒十二龙泉梯田看日落最佳。

每年五一，红河县都会举办自行车耐力赛，沿着山路十八弯骑车赏梯田，值得挑战。

他撒梯田的樱树分两种。高大的苦樱树在每年哈尼十月年时盛开，花红浓烈，果实苦涩不宜食；苦樱花谢后，娇小的甜樱花就会次第盛开，花色鲜亮，春节后最盛，可持续到二月，果实酸甜可口。

红河民族风

奕车仰阿娜节、红河多声部民歌及乐作舞

“你们来得真巧！明天是奕车姑娘节！”搭上小马哥的车去红河县的路上，他两眼放光地对我和二胡说。见我们还因为刚被暴晒而没精打采，他又继续渲染：“奕车姑娘特别酷！专门穿着超短裤，到这个节上谈恋爱！”一听见“短裤”和“恋爱”的字眼儿，二胡的眼睛登时亮了。

热裤美少女是我的爱

次日早饭后，我们搭小马哥的车赶往大羊街乡，大约上午10点，抵达“姑娘山”顶的“孟子轰都”，树下的草地上已经聚了很多男男女女。

银铃阵阵，一队举着白伞的奕车姑娘穿过花丛登场了，她们上身穿中袖上衣，繁复的银饰叮当作响，下身果然穿着热辣的超短裤，头上的尖顶白布帽和大白腿交相辉映。二胡眼睛瞬间放大，小马哥说：“在我们这，梯田是伙子的脸，大腿是姑娘的美！”作为女生，我其实也很欣赏那些大白腿：匀称、健美，梯田劳作果然是塑身神运动。

鼓号齐鸣，一群奇装异服的奕车小伙包围了姑娘们，他们打鼓吹号，发出了带挑战意味的邀请。姑娘们不甘示弱，抄起小三弦和口琴，和伙子们对舞起来。

踩着粗犷的鼓点儿，奕车年轻人的舞蹈动作从朴素到劲爆，看得出有时在模仿插秧或收割等劳动场景，有时似乎是在模仿……男女交欢！我和二胡对视一眼，嘴

巴同时变成O形。

小马哥见怪不怪："我早说过奕车姑娘很酷。"他还剧透了接下来的关键情节：小伙子会用青松毛尖轻拂姑娘脸颊以示表白，姑娘若接受追求则会赠给对方白帽，然后双双躲进树林里谈情说爱。为了营造和谐高效的相亲氛围，村中德高望重的长者会组织"阿巴多酒会"，专门撮合年轻人。

栽秧歌的节奏最摇摆

神通广大的小马哥不知从哪儿弄来3张嘉宾证，带我们混进了相亲酒会！在老者的打趣儿之下，奕车男女一唱一和地起了哈尼古歌，我和二胡只恨自己不懂哈尼话，便在每次大家起哄时跟着大喝谷子酒。

酒过三巡，姑娘伙子们几家欢乐几家愁，不过情场的跌宕很快被刺激的磨秋荡成欢笑，我们这些游客也纷纷学着荡了起来。

天黑了，大家兴致不减，就在乡里的广场上跳起了红河县的"县舞"——乐作舞。这次，奕车姑娘和伙子们没有用乐器，而是用此起彼伏的清唱伴奏，小马哥说这

是红河县著名的多声部《栽秧歌》，已经被列为国家级非物质文化遗产。我和二胡虽然因语言不通没法跟唱，但耳濡目染已经能跟上乐作舞的节奏，我觉得这动作下了田就直接能用来栽秧了。

小马哥边跳边笑，大赞我们入乡随俗得快，要是再学会白鹇舞和棕扇舞就能参加相亲的对舞了。他说奕车姑娘虽然看似开放，但她们的恋爱只是自由却不随便，并且这自由是古时候4位奕车姑娘用生命换来的，她们也以此赢得了族人对女性的尊重，传说姑娘节就是为了纪念她们诞生的。

奕车人不论老少，集体在这一天以爱情之名载歌载舞，迎接插秧结束后的农闲时节，也祝福“秧姑娘”和“田伙子”甜蜜成长，我想不出有什么比这更酷炫、更摇摆的生命节奏了。

小贴士 *TIPS*

奕车是哈尼族人口较少的一支，聚居于选美中国六大最美古村落之一的红河县大羊街乡。“姑娘节”的哈尼族叫法是“仰阿娜”，有着上千年的历史，每年栽秧结束后的第一个申猴日（通常在农历四月）举行。

目前很多奕车姑娘外出打工，小伙子多留在家乡搞“美丽家园”建设，所以节日上小伙比姑娘多。

哈尼多声部民歌的故乡在阿扎河乡，但在全县栽秧季节的田间地头和节日现场都有可能听到。

云雾深处的美丽家园

哈尼族传统蘑菇房

云海翻涌之下，万顷梯田沿着山势倾泻，田埂雕刻出大地的迷人曲线，水把阳光揉碎，晕染成神迹般的色彩……绿树掩映中，瘦高的土黄色草屋像一簇簇呆萌的蘑菇，将飘渺的云雾纠缠成人间烟火。这些奇幻色彩的蘑菇房，让外界把哈尼人的生活想象成了童话。

走进童话的居所

然而，现代化的来袭正悄然改变着哈尼人的生活，如今的蘑菇房正在被改良甚至被新式房屋取代。尽管这让猎奇者失望，但哈尼人追求更好的生活无可厚非，毕竟幸福的真谛不是童话，而是舒适的好日子。

元阳县胜村乡啊者科村，可能是最后一座原汁原味的哈尼村寨。跟着一股欢快的溪流，穿过一片茂密的大树，溪水在寨口的石井短暂逗留，又继续向下奔流。顺着石板路下行，两旁全是石基土胚木门草顶的蘑菇房，小孩追逐嬉闹，公鸡视若无睹地踱着方步，曲线动人的黑猪从蘑菇房首层的圈里探出头，花狗趴在圈顶歇凉。猪圈旁的大桶里盛满了蓝水，一位哈尼大妈正忙着染布。

我们征得同意进屋参观，迈进二层的正门，就是这户哈尼人居住的地方。参差的相框把木墙变成了时光隧道，一个哈尼族少妇在“札札弄机杼”，老式木织布机织出的白布就是上色前的哈尼黑土布。虽然外面烈日炎炎，但一进蘑菇房立刻凉爽无比——厚厚的土墙发挥了强大的隔热作用。

温情、好住、多功能，一个都不能少

踩着吱吱嘎嘎的木地板进入正屋，一位白发老奶奶正在看电视。正中的火塘上方悬着烘稻谷用的木架，再往上挂着一条条腊肉，熏黑的切面斑驳露出诱人的金黄。正对着门有一扇窗，窗左边是家具和床，右边是一座大灶台，对于这户四世同堂的哈尼人家，光靠火塘做饭不够用，灶台旁还有个煤气灶。想象着一大家子人围着火塘吃饭的场景，必是寒冬的浓雾也无法冷却的其乐融融。

在作为仓库的三楼，我们见到了狂野的米筐——糊满牛粪来防虫。阳台是耳房的平顶，不但可以晒谷物，也是哈尼姑娘和心上人约会的地方，所以三楼也被称为“女儿房”。

织布的大嫂招呼我们吃一种叫“酸拉杆”的野菜，还特意拧开门外的水龙头冲了冲才递给我们。那条引路的溪水变成了每家每户的自来水，才露了个脸，又沿着石沟向村子下游的梯田流去。大嫂说每到插秧季节，溪水就会把各家的农家肥冲到田里，既清洁又省力，哈尼人再次展现了生活用水专家的智慧。

作为既科学又有人情味的蘑菇房的粉丝，我不是一个人在复古。长期驻扎在普高老寨的室内设计师卫子，放着自己小资情调的客栈不待，成天混在房东姐夫家的老蘑菇房里，用他的话说，“围着火塘喝酒吃肉吹牛，美！”

小贴士 *TIPS*

尽管政府每年都发放蘑菇房维护费，但现代化来势汹汹，原汁原味的老蘑菇房终将变成仅供参观的博物馆，恋旧的人们赶紧争分夺秒下寨子一睹芳容吧。

红河州内较能完整体现少数民族风情民居的地方，还有屏边县阿季伍村。200余座以茅草、黄墙为建筑主色调，配饰芦笙、大鼓、苗族花编等的苗族民居；200余座以灰瓦、白墙为建筑主色调，配饰牛头、彝族祭火等图腾的彝族民居；200余座以青瓦白墙为建筑主色调，配饰壮族图腾的壮族民居。是集彝族、苗族、壮族特色文化于一体的千户民族特色生态旅游村。

东门街 12 号和南门街 4 号

迤萨古镇民居

第一次听说“迤萨”就觉得洋气，得知是彝语“干旱之地”的音译，更觉信达雅，把民族风译出了国际范儿。

东门街 12 号：把国际范儿变成民族风

后来在迤萨古镇45度仰望四合院门楣上的法式浮雕，我意识到迤萨的洋气不是崇洋，而是洋为己用。当年迤萨马帮到被法国殖民的东南亚国家做生意，带回国际范儿并将之变成民族风。

大当家们用金子和品位，堆起了“江外建筑大观园”。其中最具代表性的东门古建筑群，本是迤萨马帮大老板姚初基和钱二官两家的大宅，历经近百年沧桑，“金包银”砖筑起的高墙大院历久弥新，被辟为红河县博物馆向公众开放。

跟着讲解员串迷宫般的胡同，推开一重重厚重的门，踩着木楼梯上上下下，我们看到更多迤萨风格的中西合璧：西洋的券拱柱廊、中式的雕花六扇门，与迤萨特色的积水石槽毫无违和感地构成一个天井，彝族土布牛仔服、水烟筒、绣烟袋和法式皮包混搭出赶马哥的标准行头，处处彰显着迤萨Style的先锋气质。

马帮即江湖，烟土生意在迤萨马帮的海外贸易中占重要比重。而在中国传统文化中这始终是歪门邪道，所以，贵为哈尼族大土司之弟、富甲一方的马帮老板钱二官家的大宅门居然是歪的，据说这是钱老夫人为警醒后世子孙而特意要求建造的。

有大院的地方就有大红灯笼高高挂，不过这里的灯高高建在屋顶，那是马帮女人对远行的丈夫的期盼。但姚家妻妾成群，只有正妻有权煽“总有一盏灯为你点亮”的情。7个妾挤在正房1/5大的小院里一边宫斗一边相思，还要被故意建歪的墙角时刻提醒：你是偏房。

南门街 4 号：百年富足换四世同堂

向导杨旭金带我们去他家串门儿，他们同族的4家人住在南门附近一座祖传的四合院里。这座120多年的老宅基本格局还在，重檐斗拱、雕梁画栋都还在，杨爸爸的东厢房基本如旧，“天地君亲师位”下的电视正在播习大大讲话，看来十分对味。西厢房的小家装修成了突兀的现代风格，杨爸爸说来却不急不恼，他说，四世同堂的一大家人还能住在一个院子里，就是难得的幸福了。

晴热的午后，石榴花落了一地，月季红得正浓，刚洗完的衣服在四角天空下飘得欢畅，猫儿趴在正房二奶奶的轮椅旁打盹，西厢房一家三口打扮光鲜准备出门，杨爸爸正在跟美国的表姐打电话商量清明扫墓的安排……搭档吴小姐坐在竹椅上摇着蒲扇喝了口茶，说：“我外婆家的老房子比这还漂亮，我小时候也经常这么过，可是前几年房子拆了，我就很少回老家了……”

马帮的辉煌走远，为今天的迤萨留下“江外侨乡”的美名。如今，五湖四海的马帮后代纷纷回到故乡寻根，青石板的小路还记得当年祖辈达达的马蹄，青砖灰瓦的老屋还留着家族的记忆。在这个变身大工地的星球，念旧的又岂止华侨？但找得到回乡之路的又有几个？

小贴士 *TIPS*

迤萨古镇至今完整保留着古民居建筑近百幢，其中东门古建筑群已被列入国家级重点文物保护单位，不过十分平易近人，白天常有小学生趴在城墙上写作业，晚上的广场则变身广场舞天堂。迤萨古镇是一座活着的建筑博物馆，沿着青石板路散步，随时会遇见一座住着人的文物级老房子，走进其中，翻着老照片听老人讲故事，分分钟穿越回旧日迤萨的马帮人家。

梯田萌宠

新米喂狗和捉泥鳅

受《舌尖上的中国》影响，我成了“自然馈赠”和“不时不食”的脑残粉，于是特意在哈尼族传统的新米节时再来红河，就为在梯田米最美的年华尝一回奢侈的鲜。

奢侈到用新米喂狗

在哈尼族朋友小马哥家，我和他们一家分享了丰收的喜悦。农历七月的一个属龙日，梯田里的稻谷泛起杨梅色，马大叔到田里摘回了一把穗长粒大的稻穗，一家人喜气洋洋地舂米做饭、摆新谷酒宴请家族亲戚。

小马嫂围着火塘爆新米花，香得我心神荡漾，但我知道他们一定要先拿去祭祀，便忍着口水等到马大叔祭祀完天神和祖先，以为终于可以吃新米花了，没想到他却无比虔诚地把一碗新米饭和一碗爆米花放在门口的小黄狗面前。

见我怨念地盯着小黄，小马哥说你可别嫉妒它，人家是天神然咪的化身。原来，在哈尼族的传说中，是天神之女然咪偷了谷物给哈尼人，并教授他们耕种方法，因此冒犯了天神，被变成一条母狗。因此哈尼人每年尝新米前都要先请狗尝，以示对然咪的纪念。早就听说哈尼人敬天地万物为神，而我等没有土地也没有信仰的人，“相信”本身已经是奢侈品。

那晚，我和乡亲们一起吃着新红米饭和新鲜的瓜豆蔬菜，听大家商量过几天秋收的安排，小黄在一旁欢乐地摇着尾巴，我喝了一口新酿的米酒，似乎真的喝到了土地的味道。只有像哈尼人一样虔诚地敬畏自然，才能心安理得地接受自然的馈赠吧。

是水神也是玩伴

要说哈尼人最爱的梯田萌宠，非泥鳅莫属。泥鳅是梯田湿地系统生物链的重要组成部分，因为不停地疏通泥土帮助活水而被哈尼人尊为水神。另一方面，这种多动的水生物也是哈尼人餐桌上的美味佳肴，捉住这个滑头的家伙就成了哈尼人最乐此不疲的游戏。

风平浪静的夜晚，田埂上经常出没着三三两两捉泥鳅的人，一手拿电筒一手举叉子，肩上斜挎一只篓，手起叉落，泥鳅一撸入篓，月光下的英姿不逊于少年闰土。泥鳅艺高胆大脾气怪，坚持只在晚上八九点以后出动，加上溜得快，人们必须抓住时机与它斗智斗勇。

每个哈尼人一出生，家里人都要为他举行庆生仪式，不弄璋，不弄瓦，弄梯田，捉泥鳅。在院子里画一块儿“梯田”，如果生男孩，就由一个七八岁的男孩用小锄头在方格内表演挖梯田的动作；如果生女孩，就由一个七八岁的女孩在方格“梯田”里表演捉泥鳅或摸螺蛳的动作。只有经过这一仪式，新生儿才能正式成为村寨中的一员。哈尼人最著名的歌舞也都是以捉泥鳅为主题的。

哈尼人和泥鳅，是同在梯田里生长的“发小儿”，是一条食物链上相互制约的两个环节，孰高孰低，恐怕天神然咪也闹不清。

小贴士 *TIPS*

新米节是哈尼族的传统农事节日，通常在农历七八月择日举行，主要活动有尝新米、祭天等，具体时间根据当地稻谷成熟的情况而定。

唯自然与生命不可辜负

昂玛突长街古宴与白宏支系服饰

哈尼族的节日多如稻秧，但昂玛突节是最重要的一个。相当于汉族的春节，因为多在农历十月举行，俗称十月年。节日的高潮在于第三天的长街宴，绿春县的十月年长街宴曾入选2004年吉尼斯纪录，我时隔半年再来绿春，就是为了见识这“世界上最长的宴席”。

3512 桌露天年夜饭

又见绿春县博物馆的白馆长，他穿着隆重的黑土布哈尼族传统服饰，兴奋地说：“今年终于有时间在老家过年，昨天我去祭拜了寨神林！”对于哈尼人来说，祭寨神是昂玛突最重要的仪式。

“长街宴当然也很重要！就像你们汉族要吃年夜饭，只不过我们哈尼族把桌子搬到了街上，所有人一起过年！”老白说着，已经带我走到了竹篾桌前。

昔日的县城一条街，已经被一眼望不到边的篾席和盛装的人们排满。“放弃吧，你看不到尽头的，有3公里长呢！”见我望桌兴叹，老白说，“今年摆了3512桌！”

我正举着相机拍斜对面一个穿哈尼服装的洋妞，老白劝我赶紧吃菜：“待会儿祝酒歌一起，就没得吃了。”我想起上次喝哈尼焖锅酒的惨痛教训，赶紧开动。

虽然是在县城，但因为离梯田并不远，所以桌上的全是野味，泥鳅、山鸡、黄鳝、香菌、野菜……比起在乡下吃的一点儿不差，果然是年夜饭，全是压箱底儿的硬菜！

才吃了七分饱，一队衣着鲜艳的大姐已经端着酒杯唱着歌杀将过来了，我刚想拉上老白一起，发现他已经不见了，再听不远一队人已经跳起了舞，老白就在其列，哈尼人果然high得快！我也不甘示弱，学着哈尼大姐们干了一杯："多——撒！"然后加入了她们以歌会酒友的队列。

穿露脐装的白宏淑女

载歌载舞喝了半条街，有些微醺，突然有一群舞动的肚脐瞬间激活了我虚焦的视线。在热带鱼一般鲜艳的绿春哈尼盛装中，这些露在黑土布衣裤之间的肚脐却分外抢眼。

“真没见过市面！看奕车姑娘的大腿你也没这么夸张啊！”我听着耳熟，一回头是一起去奕车姑娘节的驴友二胡。这家伙被我发给老白去腊姑完小支教后就停了手机，没想到在这茫茫人海中又冒了出来。

二胡说他上课之余经常跑去老白的哈尼服饰传习馆凑热闹，所以他知道那些穿露脐装的姑娘是哈尼族的白宏支系。

“白宏姑娘穿露脐装是因为古时候一次逢凶化吉的经历，从此就演变成传统了。但她们并不像奕车姑娘那样奔放热情，她们是哈尼族出名的淑女，温柔顾家，婚后都是百分百的贤妻良母。”二胡一贯本着用科学的态度拓展对姑娘的兴趣，而支系众多、风俗各异的哈尼姑娘的确具有极大的研究价值。

“你支教快半年了吧？什么时候回家？”我问。

“暂时没有计划，我已经喜欢上这样的生活了，干净的大自然，简单的哈尼人，平时努力工作，过节尽情玩乐，我感觉自己就像一棵稻谷，长在田里，从来没有这么踏实过……”二胡喝了一杯，有点儿伤感。

“我也觉得，哈尼人的生活很简单，比如过节，永恒的主题就是尊敬自然、尽情玩乐。”

“人活着，不就是唯自然与生命不可辜负吗？多撒！”

“多——撒！”

小贴士 *TIPS*

昂玛突节是哈尼族最隆重的节日，一般持续活动三天：第一天全民大扫除以求人畜平安，第二天祭拜寨神林以强调热爱森林的传统，第三天摆设长街宴是节日的高潮。全红河州的哈尼族都有隆重而热烈的昂玛突节氛围，其中要数入选吉尼斯世界纪录的绿春长街宴最为著名。

红河游赏线路设计

看点

逈萨镇：东门马帮古城、特色民居、西山公园（西山阁）、马帮人家
乐育乡：桂东梯田、尼美坝梯田、万里云海、李氏土司墓群、阿姆山
宝华乡：万里云海、龙甲民族特色村、长街宴、撒马坝梯田、俄垤水库
甲寅乡：作夫民族特色村、十二龙泉、他撒梯田、甲寅后山水库风景、瓦渣土司衙门遗址、文星阁、哈尼长街宴、彝族姆基人“斗笠绝技”
大羊街乡：哈尼族奕车人风情园
车古乡：彝族火把风情园、阿波黎山风光、大鱼塘风景、车古后山水库
阿扎河乡：万亩棕榈之乡、民族歌舞之乡

线路

小环线（2日~3日）：县城—乐育—宝华—甲寅—县城（梯田核心线路）
小环线（2日~3日）：县城—石头寨—阿扎河—普春—云阳
大环线（4日~5日）：县城—石头寨—阿扎河—甲寅—宝华—乐育—县城
大环线（2日~3日）：县城—甲寅—宝华—乐育—大养街
县城—大羊街—县城（1日~2日，在2005年《中国国家地理》杂志“中国最美丽的地方”评选活动中，被评为“中国最美的乡村古镇”）
县城—车古—县城（1日~2日）
县城—大羊街—车古—县城（2日~3日）

绿春

不负绿水，不负春山

它是哈尼标准语音的所在地，拥有世界上唯一的哈尼族博物馆，受到全世界哈尼族的朝拜和敬仰。哈尼人的心灵家园，它当之无愧。1958年，这个原名"六村"的地方建县，当时周恩来总理来到六村，见此地"青山绿水，四季如春，"于是亲自定名"绿春"。

绿春梯田精致细瘦，但比起流连梯田更打动人心的游赏方式，其实是穿行于林木花果之间，尝脆香野果，饮清溪之水。山与山相连，岭同岭相接，梯田环绕山与岭，山岭间淳厚朴雅的村村寨寨，这座小城从来不负绿也不负春，更不负前来探访的人们。

写给探险者的情书

黄连山原始森林、腊姑梯田沿线

亲爱的探险者

你好。如果你恰好在路上收到我的信，不如在你结束旅程之前，转道来一趟我所提及的这个地方吧，小城绿春的黄连山森林公园。

听到森林公园，你一定十分不屑。你去过了苏格兰的森林公园，美国的黄石公园，它们都是世所公认的著名公园，你定要问我，一个边境小城的森林公园有什么值得一去。

这样说吧，别处的森林公园，是个大公园，这里的森林公园，是整片茂密完整的原始森林。走在雨林里，你可能与白颊长臂猿、黑长臂猿、印支虎、马来熊这些濒危动物不期而遇，也可能遇见数千年前哈尼族曾仿照其穿衣打扮的那种白鹇鸟。

或者这样说吧，在别的森林公园，你无非是为探猎自然。在黄连山，你可以参与哈尼族的梯田劳作，田里赶牛耙地，吃顿火塘农家饭。夜宿森林，或者敲开老乡家的门借住一宿，完全不必忧心人烟荒缈的种种风险。

如果这些都不是吸引你的理由，那我还是说一说我这一趟所行走的黄连山吧。

黄连山上一盏黄连茶

黄连山上到底有没有黄连？我一直被这个疑问萦绕。进山后不久，我们到了垭口管理站稍作休息。于是我把这个疑问又对守山的工作人员李师傅提了一遍。

“倒是有黄连茶，你们可以尝尝看。你们先到院子里坐着歇歇，我泡了茶就来。”

院子里很热闹，五六个人在洗菜。他们说今天有一批外地的科研团队到访，自然要尽一尽地主之谊，留客人们吃顿饭，感受一下山茅野菜的滋味。菜盆里装了梯田螺蛳，农家自制腊肉，野生蕨菜和野山药，都是难得的哈尼族家常食材。

和洗菜的人聊了几句，李师傅的黄连茶已经泡好端了出来，每个人一瓷杯。

淡淡的茶香飘散开来，但尝过一口又与茶叶不同，倒有一股核桃的香气。

“这黄连茶，是黄连木的嫩芽，有解毒止渴明目的功效。”

“黄连茶原来不是黄连啊？”孤陋寡闻的我们都大惊。

“当然不是，这是两种东西。我们黄连山里长了一些百年的黄连木，每年都能采下些嫩叶晒来喝。”高山民族果然深谙天地灵气，不单吃山珍，还喝古木野茶。

突然听到附近传来某种动物的啸叫声，冷不防吓一跳。李师傅笑笑说，是一只调皮的长臂猿。因为时常欺负其他同类，被巡山的管理员抓来监禁一阵子，驯服它的淘气劲儿。人群一阵哄笑。

四围森林树木发出的惊涛骇浪，不断走近又飘远。坐在这里喝一道黄连茶，不知道你有没有经历过，对我而言倒真是个新鲜野趣。

家门前的泥巴仗

黄连山被叫作“绿色金三角”，可见哈尼人是为天地而生的民族，他们沿着这一片森林奇观开垦了5000余亩梯田。喝过黄连茶再驱车往前，就到了三猛乡的腊姑梯田了。

远远看见梯田里似乎有很多人在忙活，到跟前一看，却都穿着整齐簇新的盛装，并不像是日常劳动。

上前打听才知道，原来恰逢谷雨时节，梯田里正栽秧呢，难怪都穿得如此隆重。

同行的孙姑娘刚走到田埂边就被一个泥坨砸在了身上，她还来不及惊讶，田里就有人对我们喊了一声：“欢迎你们来做客！”

打招呼的是个黝黑的哈尼族小伙子，话音未落他又薅了一把泥扔向他的另一个同伴，他们在田里乐翻了天。

“这样干劳动也行啊？”

“在这里，不这样干劳动不行哟。栽秧不仅是一件农事，更是一场盛会。打泥巴仗也是表达祝福。你受了这么大一块‘祝福’，可见是有福之人啊！”另一个同伴说。

孙姑娘忙也捡了一点泥，扔向一个小伙，学着田里的姑娘一样向他喊话：“你很能干，那边的妹子已经看上你啦！”

“对啦，栽秧要相爱，栽秧不相爱，稻谷不会饱满，饭不经吃！”一个坐在田埂上休息的老人接过话头说道。

乘兴和他们打过几巡泥巴仗，我们才得以脱身，带着一身祝福的泥点子，沿着日落时分的黄连山慢慢返回县城。

小贴士 *TIPS*

亲爱的探险者，游览黄连山一定要徒步，尽管对体力是一个考验。

腊姑桐株德玛哈尼梯田，基本上一直围绕黄连山。探险黄连山，也可以顺带感受哈尼支系腊咪、哈欧的古朴民风。绿春梯田尚未开发，野趣良多。

据专家说黄连山还有许多未知的秘密和险境。是户外高手，就来试试。

万物有灵且美

阿倮欧滨文化

在从乡镇回城的崎岖山路上，哈尼人向导老白对我们说起两件事。“也算作是小小的提醒吧。”他说。

有一年的一场祭祀，他邀请一个外地的朋友一同参加他们的一场祭祀。出于好奇，这个围观的朋友掏出相机录下了庄重的祭祀场面。老白几次劝阻，朋友并不以为意。回去后，朋友莫名其妙一病不起，这一病将近半年，四处求医问药也不见好。猛然想起半年前参加过的那一场祭祀和一番劝告，忙给老白打电话。老白说，后来带了他的生辰八字去到当日祭祀的地方，请了德高望重的长者久久祝祷，这之后他才散了病痛。

“这个神秘的圣地在哪呢？是个什么祭祀呢？”我们有些迫不及待。

“还有另外一件事。”老白并没有回答我们，继续说起另一桩。

30多年前的一个夏天，我国边境发生了冲突。将要去参战的很多是哈尼族，族中长辈们都不放心，于是带领他们去参加一次祭祀，祈求能平安归来。祭祀之后那一次出征的人很多立了战功，而且并没有一个人牺牲。

我们愈发感觉神秘，急切要开口问，老白又继续说：“其实他们平安归来也靠了带在身上的一块宝物。”

贴身的神秘猪骨

其实如果你在外地碰巧遇见绿春人，仔细观察过就会发现，这些出远门的绿春

人，身上都携带着一粒猪骨头。有的用丝线穿了挂在颈间，有的放在钱夹里。你要是问起来，总会听到一些活灵活现的事例，关于这粒骨头消灾避邪的能力。

这粒神奇的猪骨头，就是老白说的那一块曾护佑哈尼战士们平安回家的宝物。

人们把祭祀用的那头黑毛阳猪的骨头当“祭神骨”全部剔出来，砍成许多小块，戴在身上做辟邪的护身符用。不过，这头猪由成千上万人共享，“祭神骨”这种无价之宝便不是每个人都能得到的。运气好点的，能得到米粒大的一块就算不错，没摊上份的只有盼望来年。

哈尼人的历法女神

“究竟什么样的祭祀如此庄重神秘，到底祭的哪一位天神呢？”我们实在忍不住发问。

像哈尼族这样深情又重义的民族，故事的起头多半是一段山崩地裂的悲剧爱情。女主角都玛简收被恶人逼婚，逃难的途中青梅竹马的恋人又被陷害致死。身心欲裂，拔下一棵芦苇作拐杖，顺着山路四处游历去了。

一日来到东仰阿倮欧滨，都玛简收打算喝几口山泉歇歇脚再走，于是把拐杖拄在泥地上。不料这芦苇拐杖根本不是俗物，竟然不管不顾疯长起来，片刻就长成了遮荫蔽日的苍天树王。都玛简收顺着大树回了天国，不过东仰阿倮欧滨却因遮天树王而失去了日月。

之后阿倮欧滨来了个弓箭手，路过树王时见树上有鸟，便拉弓打算射鸟。谁知鸟没有射下来，却射落了树王的几片叶子，落叶之处顿时透下了阳光。众人打算将树砍倒，但树王毕竟是树王，凡人刀斧根本伤不了它。

这样又过去一些年，来了个叫欧莎的瘸子，他在神树下睡着了。

“要想砍倒树王并不难，只要树根脚围上九圈酒糟，用盐酸树制作成大刀，刀刃上涂稀的鸡粪，对着树王晃三下，再去砍便会倒下。”欧莎醒来，恍惚想起梦里有人对他说的这番话，立刻跑到村子里集结些青年来尝试。

树王果然倒了，哈尼人说那个托梦的仙女是都玛简收。

不过日月虽然重现了，但那时候的哈尼族是没有历法的，从来不知道节令。于是又去请教一个能人，傣家二媳妇。

“要知道年月日，要有自己的历法，就去数一数被砍倒的树王有多少根枝叶吧。”

按照傣家二媳妇的指点，哈尼人派各种动物去数。终于才根据树王的四大分枝、十二个主根、三十个根须、十三节树干，划分出四季、十二月、每月三十天，一轮十三天。有了节令，田里的收成才慢慢丰厚起来。

哈尼人自此开始世代感恩祭祀赐予立法的女神都玛简收，并视其为民族的圣女。貌似一个传奇故事，其中却是哈尼人始终讲求与自然为师、为伍的人生信条。

小贴士 *TIPS*

今天的阿倮欧滨位于绿春县城东部 3 公里处，它在世界范围内的哈尼人心目中都有着至高无上的地位。县城附近的哈尼村民有每年农历二月期间的属牛日去阿倮欧滨举行盛大祭祀活动的习俗。

无论本族还是外族的女性都禁止参加祭祀活动，参与的男性要虔诚遵守祭祀规则，不得大声喧哗、言行粗鲁，禁止拍照录像。

太阳从西边升起

二甫云海日出

“去二甫看云海日出了吗？”我很好奇这几天陪同的向导老白，为什么见到游客打扮的人就问这句话。

梯田日出见得多了，二甫的日出莫非和梯田日出有什么不同么？

“嘿嘿，当然大不同，二甫的太阳从西边升起。”

“你说的是‘一脚踏两江，一眼望三国’那个二甫？”此前倒是听说一个叫二甫的地方，在一个大山头上，下面是深深峡谷。一条小黑江和一条李仙江在山脚下交汇流出国门。两江交汇的地方，是中国、越南、老挝三国交界。这可是一条赫赫有名的“跨国绿色长廊”。不过那里的太阳从西边升起，这是闻所未闻的。

“明早就去二甫，你亲眼看看。”

山在海里，海在天上

有了之前看日出的经验，清晨5点过我们就起床出发了。山里的日头起得早，迟十几分钟往往已经高悬于天了。

二甫在原始森林黄连山的最南端，我们绕山绕水到了一个村子。老白下车开始勘察观日出的绝好位置。而我发现这里地势北高南低，视野开阔，眼前并无遮挡，随便往哪里一站都一目了然。

其实来早了些，不过正是看云海的时候。

“山呢？先前看到的山。”我也不是没有见过云海，只不过眼前浓云滚滚，一望无际，来时看见的山居然几乎都被隐没去，有些难以置信。

“你眼前这些露了一点‘尖尖’的就是。”

云雾海浪一样层层涌动，上升，淹没片刻之前还巍峨高耸的大山，只露出缓缓的山脉线条或一点山顶。山成为一座一座孤立的小岛，置身在青白色的海面上。

如果你在宽广的海面上远眺过，一定能够理解那样的情景。

“天哪，涨潮了！”附近有人惊叫一声。

太阳果然从西边升起

“海面”仍然在攀升，浪花飘荡起来，瞬间湮了一些房子。如此逼真的“涨潮”画面，难怪惹了人惊叫。风再大些，浪涌起来，人就该跑开“逃命”了。

这当得起“奇观”二字的云海，是惊险还是壮阔，一时倒无从慨叹了。

我决定找一个面西的位置，专心等待日出。

听说越南边民经常走山路过来赶集。他们背来野生药材、木耳、香菌等山货，用来换一些中国日用品。远远看见几个背着背篓，戴着竹篾斗笠帽的人在赶路，还有些小货车和熙攘人群，想必这是个赶集日。

“太阳要出来了。”正想着，老白急忙喊我。我自然是努力往眼前看，但是并不见天色的变化。

老白说太阳在我身后。我扭头看时，一轮红日果然从海天相接的罅隙里，散射出金光，很快就落在云海平面和山头上。

梯田上的云雾，常常伴随日出就散去了。而眼前的云海，却能承托住日光。大海上看日出，看的是点点摇晃的波光。云上的日出，自然更多几分仙风道骨。

但是，不是说这里的太阳从西边升起吗?

老白指给我看天边一条模糊的曲线，那是越南或老挝的山。

“越南的西面与老挝交界。这一道从越南方向升起的日出，不正是太阳打西边升起么？”老白解释完，兀自爽朗大笑。听到这个诗意的逻辑，在场的人群也爆发出开怀一笑。

对于生活在这里的民族，国界是个遥远陌生的概念。能够共享天地盛情，已然不负苍生。

小贴士 *TIPS*

二甫距县城 143 公里，弹石路面，可扎帐篷，生火，露营。冬季是二甫最有诗意的时节，热衷摄影和观日出的人，到了绿春不可错过二甫胜景。

除了观云海日出，还可以到附近拉祜族村，体味原始社会的生产、生活遗风。

二甫半个月赶一次集，是中越边民互通往来的边境小集市点，赶集天很热闹。

但丁河里洗个澡

傣村骑马坝

总结下来，凡是名字里面带“坝”的地方，必定不是物产丰饶就是景致绝美，譬如丽江永胜的粮仓三川坝，又譬如文山的世外桃源坝美。群山中凭空起来一片平坝子，想必比起起伏的山地或者一望无垠的平原，自然是有一些过人之处的。但是关于骑马坝的土地之肥沃，原本以为耳闻中的“插根筷子也发芽”已经到头了，没想到更有一句绝的：“一颗石头三两油”。冲这个名头，其实也不难猜想到，骑马坝还有一个更名副其实的名字，叫作石头坝。

一颗石头三两油

石头坝确实遍地石头，进了坝子就看见弯弯曲曲形状各异的石墙，村民说有的已经有上百年历史。历史上的石墙多半与战事有关，墙上不是机枪眼就是瞭望口，这个寨子该不会曾经也经历过战争吧？

寨子里一条10米宽的正街贯通南北，另有三条东西向的主街道，接连着几十条小巷。这种规划布局之合理，在绿春县各地民族村寨中实属罕见。寨子里的石墙，听说是先民们开垦田地时就地取材不断垒积的，一些围住房舍的做院墙，一些围住田地拦牲畜野兽，寨子最外围的用来防范外地入侵。

如此就把一块丰饶肥沃的土地圈在了里面，世世代代在里头过着与世无争的生活。

骑马坝是傣族村寨，我们还没进村就明显感受到了“头顶香蕉，脚踩菠萝“的傣家氛围。值得一提的是沿途的山腰上常常能见到野菠萝林，在毫无人工挖掘痕迹的斜坡上、岩石边随意生长。由于长在半山，我们也没有机会去挖两个尝尝，不过同行的人说曾经吃到过，味道只比集市上卖的酸一些。

人迹罕至的原始森林腹地怎么会长出菠萝，实在无从考证。既是造物的神奇，也为骑马坝的富饶提供了佐证。

不到但丁河洗个澡，白来了一趟骑马坝

“来骑马坝，可以不吃饭、不睡觉，但是千万不能不去但丁河里洗澡。”于是我们两个姑娘决定再去约一个傣族姑娘一同去洗澡。

约到一个正在家里做粑粑的姑娘玉罕，她很爽快地就答应了。临出门时又带了几个已经蒸好的粑粑，说是洗完澡饿了吃。这种用糯米面加粳米和芝麻红糖和好，再用芭蕉叶包好蒸熟的粑粑，吃起来香软甜糯。还没等到目的地，我们已经说说笑笑吃了几个。

两条河，东面的是但丁河，有阳河和公河之说。西面的是能迷河，也有阴河和母河之称。两条河虽然同样来自黄连山幽谷，水温却截然不同，能迷河水凉，但丁河水暖。

玉罕穿着两条筒裙，内长外短，脑后的乌黑发髻插着一根竹簪子。只见她落落大方地脱去外裙就入了水。傣家少女细皮嫩肉，身段窈窕，举止轻盈娴雅，看过去实在是一副很妙的油画。骑马坝的姑娘也都个个水灵，他们说正是黄连山水洗出来的，看来这不是没有道理的。

“其实我们傣族话里但丁河叫‘恒但丁’，能迷河叫‘恒熊咪’。汉语大概就是‘老熊河’。”在清澈见底的河里静静泡了一会儿，玉罕对我们说。

“老熊河？”我们不解。

“这里的水质好，山里的老熊每年冬眠之前和醒来之后都专门要来这里喝水。”

“我们村子里的老人，病危弥留的时候，都要让子孙们来这里取水，喝几口才闭眼。”

听到这里，我们忍不住对于在这样一条清幽难言的河里浸浴，深感幸运又很惶恐，只能枕着岸边的鹅卵石全身心享受这天赐的一个午后。

小贴士 *TIPS*

到骑马坝主要就是看水，除了到但丁河安静沐浴，激流飞瀑也是一绝。这里处于河谷地带，气温较高，因此夜晚泡澡看星星也是难得的乐趣。

骑马坝乡的哈尼山寨玛玉村，种植有一种独特的茶叶，它因产于玛玉村而得名玛玉茶。可以到它的产地去感受一番。

乡上有数家小旅馆，也有傣族特色小饭店，适合自驾前往。

到达元阳县城南沙后，沿元绿二级公路到绿春县城，沿省道晋（宁）思（茅）线（214 线）过绿春县城后前行约 45 公里过牛孔乡后，在骑马坝乡叉路处进入，前行约 65 公里到达。

一碗退敌

彝族爆米花节传说

那个站在田里发呆的彝族青年叫扎朵。几分钟前，他吃过早饭来到自家的两亩梯田里准备查看一下稻谷。扎朵来到田边却傻眼了。田地不知被谁纵了火，辛劳照看大半年，眼看就快收割的稻谷一夜之间成了焦黑的秃茬子。

田地里的挑衅

扎朵发现田埂上插了一柄锃亮的匕首，刀尖上有张字条，扎朵连忙捡起来展开看。

“两日内让出龙奔迷坝子，否则下次烧的可就不单是田地。”字条上的落款是一个外族部落，扎朵知道那是一个觊觎他们这块龙奔迷坝子多时的蛮横族群。

扎朵连忙飞奔着把匕首和字条送去首领阿洛家。阿洛大怒，发誓绝不会让出族人世代生活的地方。他组织起村子里的青壮男丁，人人都誓死要保卫家园和父老乡亲。

第三天夜里，那支外族部落果然浩浩荡荡来到村口。在得知不能如愿之后，他们冲杀进来，村子里一时鸡飞狗跳，老人孩子的哭喊声此起彼伏。

首领阿洛率众顽强抵抗，扎朵更是冲在最前头，但是毕竟寡不敌众，部落最终被敌人攻破。他们边打边撤，最后被迫撤离到一座陡峭的高山上。

这座山地势倒很好，能攻能守，但是无树无水。

“首领，我们带的饮水已经用尽了，敌人还在四面围攻。看这个情形，我们大概撑不过两天了。”心急如焚的扎朵察明情况之后来报。

阿洛仰天苦叹，全村老小也都一筹莫展。

智慧从败战中来

一大早，阿洛再次召集族人分析局势，最后声明了一件事。

“如果有人能出谋献策，保存部落，我愿推他为首领，并以小女相配。”

首领的女儿聪慧美貌，是远近彝族小伙都倾慕的姑娘。但此时却没有人想得出退敌的良策，恐怕做不了首领的女婿。大家久久沉默。

过了很久，一个小伙子站了出来。不是别人，正是扎朵。说起来扎朵也是部落里百步穿杨的神箭手，这时不知道他有什么好办法。

扎朵上前附着阿洛的耳朵嘀咕了一阵，阿洛随即点头，连连称赞。

当天晚上，扎朵指挥老人和妇女们凑出剩余不多的粮食，连夜教大家把半袋玉米爆成十几袋蓬松雪白的米花。谁都不知道扎朵要做什么。

第二天中午烈日当头，全部族人集中在山头上，围住战马，敲起神鼓，用竹筒和锅把米花泼洒在马身上并且欢声呐喊。

敌人的探子连滚带爬地回到营地报告：“对方并没有断粮缺水啊，他们的马驮不下的粮食，多得都像雪花一样从马背上滚下来啦！”

外族人知道这一战是败了，急忙鸣鼓撤军，从此不再提攻占的事。那一天，刚好是农历七月二十四，扎朵的生日。

扎朵成了英雄，但是他并不愿意做首领，只是娶了首领的女儿，仍然过着闲时自在的生活。

彝族人说，没有扎朵和他的爆米花，就没有彝族人的今天，所以每年的这一天，爆米花成了家家户户纪念他的必备食物。

小贴士 *TIPS*

当年的龙奔迷坝子，就是今天的牛孔乡一带。牛孔乡盛产玉米，香喷喷的“扎朵爆米花”是节日里一定要尝尝的美味。

《云南映象》中有一段关于牛孔乡的彝族神鼓表演，牛孔也是著名的神鼓之乡，如今在牛孔乡只有一个妇女会打这种鼓，那将失传的技艺，可以亲自到当地去感受。

饭桌上的生灵密码

哈尼族猪肝占卜

吃“杀猪饭”这件事，在汉地农村，主题基本都很单纯明确，那就是亲朋好友轮番到东家吃流水席。在这个哈尼族寨子里，这件事则要严肃庄重得多。因此对于被邀请到村长家吃的这顿杀猪饭，我们既期待又紧张。

猪肝预言师

到村长家的时候，饭菜都已经上桌了。主人家却只有大嫂和两个小孩在，她告诉说家人都去祭祖先了，妇女不能去，所以她留在家里，这时也该回来了。

我们坐下来，说话间却看到菜肴中间一只土大碗扣着的东西很是触目惊心，像是一个完整的动物脏器。

“那个是生猪肝，我家今天要看‘肝卦’。”大嫂见我们面露惧色，忙解释起来。

此前听说了鸡卦，不知道这肝卦又是怎么卜。正想着，村长和家人们进了家门，一同进来的还有一位须发霜白的老人。哈尼族敬仰长者，这位老人想必就是来看“肝卦”的人了。我们屏息等在一旁。

大家都不说什么话，老人拿起碗里的猪肝，开始仔细翻看。

“你们看这两条纹路。”老者指着猪肝，围观的人肃穆地凑上前看。

“是主什么呢？”村长似乎有些紧张。

老人又将猪肝翻一面仔细看，终于缓缓地说：“不兆凶，不兆福，平平常常，顺其自然。你看猪肝上面的两条纹路，都是按常规线走。明年家里还是一样平静安稳啊。”

伴随这个“平淡是福”的卦词，谈话才热烈起来。大嫂站起来给客人们斟酒添饭，我接过饭碗，不禁多瞅了两眼那块神奇的猪肝预言师。

所谓命运的玄机，大概早已藏在碗中。

“大爹，猪肝为什么能卜卦呢？”见他们宾客喝过了几轮酒，我趁空问刚才看卦的老人。

老人放下酒盅，说："小妹子，你有所不知，这是我们祖先留下来的传统啊。"

"以前我们地方有个小伙子叫张波，人倒是特别勤快能干，就是讨不着媳妇。就因为他不擅于跟人打交道，看见姑娘尤其张不开嘴，父母走得早，又不好意思托人做媒，所以只好打光棍。"

有一天张波门口来了个要饭的女叫花子，张波把她让进家来吃了一顿饭。

吃完饭，叫花子突然说："阿哥，我给你做媳妇吧，反正我也没有去处，你也没有人做伴。"

张波很高兴白得一个媳妇，他们就这样做了夫妻，并且生养了九个孩子。

"有一天张波去打猎，路过一处山泉，因为泉水太甜，就打算装些在箭筒里带回家给妻儿喝。后来你猜怎么样？"

"他那个箭筒因为长期装毒箭，箭筒上的毒汁染了泉水，小孩喝完都毒死了。"

张波因此就病倒了，善良的老妻又帮他说了一任媳妇来生育。新娘过门那天也杀了一头肥猪。人们发现猪肝上有七条纹路，吊着七个苦胆，个个都说是不祥预兆。

"这个不是坏猪肝，而是预示我们的新娘将来要生七个儿子，七个儿子操七业啊！"人群中说话的是一个看猪肝能手。

"后来张波的七个儿子当真都操了七个行业，一家从此富贵啦。所以我们哈尼族杀了猪都要看看猪肝上说什么。小妹子，你别不信，这个灵验着呢！"

老人讲完故事，又端起酒杯喝了两口。我也敬了老人一杯，想着他的一番话，觉得所谓命运的玄机，说的应该就是这块藏在猪肝里的秘密。

小贴士 *TIPS*

一般在昂玛突这样重要的节日里，哈尼人都会杀猪看猪肝卦。如果有难，过完年后就得请老贝玛（巫师）来消灾解难。

如果有幸和这些看卦的老人同席吃饭，你也许会听到更多古老神秘的传说。

绿春游赏线路设计

看点

腊姑、桐株德玛梯田、黄连山原始森林、李仙江、二甫云海日出、阿倮欧滨景区、大风丫百鸟风景区

线路

小环线（2日～3日）：县城（哈尼博物馆、哈尼服饰传习馆、哈尼文化体验园、哈尼村寨）—黄连山（住森林客栈）—腊姑梯田（吃农家宴、体验农耕稻作）—桐株梯田—县城（此线路为梯田、森林核心线路）

小环线（4日～5日）：县城—戈奎乡（梯田、哈尼风情、饮食、歌舞、村寨子）—红河县或元阳县

大环线（2日～3日）：县城（民族街天、民族节庆、民族服饰、天天长街宴）—平河乡边贸市场、边境瑶寨、边境风光—半坡乡边境云海日出、李仙江湖—江城或墨江

在国境边边上

向前一步，便是国外。胡志明小道的最北端，从这里起点。所以如果有这样的吉尼斯记录，这里的国界河当之无愧是世界最窄。

《山间铃响马帮来》在这里拍摄，百年前马帮遗落的盐和金银，如今还沉在静静的河里。身怀绝技的瑶族妇女将人类早期耕作的历史与传统习俗化作身上的华服，日夜表达着对土地和神灵的敬仰与依恋。作为云南唯一的大通关平台，这是一座国境边边上的神秘小城。

大隐隐于市

大佛寺、勐拉温泉

三月中旬的勐拉，纳木恩河畔漫山遍野的香蕉已经熟透。路边随处可见蕉农们装箱、过磅的身影。我们就被一辆正在装运的大货车挡住去路，前面十几米就是勐拉大佛寺。寺院门前的傣家竹楼上露天仰卧着午睡的人。想起有一年在一个东南亚国家，适逢当地活动，白天见许多僧人和居民一同劳动，夜晚居民在关闭了正殿的寺庙院子里摆下集市，人来人往热闹非凡。热带地区的寺院似乎大多如此，既庄重，也亲切。

这不是寺院的式微，却是佛堂慈心顺俗的柔软示现

我们步行进去，寺里唯一的大和尚正在给自己剃头，脚边有一只乘凉贪睡的小黄狗。十足俗世生活气息。

寺院小到只有一座大殿。四年前才落成的这座大殿，有12棵高8米，直径180厘米的圆柱支撑，典型东南亚风格，辉煌典丽。大和尚说他从西双版纳来，常年轮换管理各地寺院。

“还托钵化缘么？”我问。

“现在很少，日常是自己种菜做饭。到关门节的3个月里更加不能外出，只在寺庙里接受供养，为人们讲经说法。”

傣族是个全民皈依佛教的民族，关门节期间礼佛斋戒是十分普遍的习俗。此前所走访过的少数民族，节日大多是青年们自由表达爱情的好时机。而傣乡里的关门节，青年男女谈情说爱和嫁娶活动是被禁止的，古老的戒规始终维系着人们的敬畏自持之心。

寺院最早的功能其实是教学的课堂，许多傣族人家至今仍然会将小男孩送进寺院，学些佛法，为即将到来的成年生活奠定礼和义的根基。这座大佛寺里也保留了课堂，几个女孩在排练舞蹈，为即将到来的泼水节做准备。

告别时大和尚仍旧在椅子上乘凉，平然安闲地朝我们合掌微笑，说一句“祝你们平安，再见”。

天体浴场：纯然之心无须设防

大佛寺隔壁2公里，就是传说中幕天席地、男女共浴的勐拉温泉。

它隐没在茂密的橡胶和香蕉林中，在长近1公里，宽半公里的狭长河谷里。两个操场大小的圆形池塘，中间没有任何隔断，10多个男女老少正在池子里悠然泡浴。

我们循小路走进去时，遇到劳作结束到温泉里洗浴的一群傣泐姑娘。两个姑娘放下背篓，松散头发，解开腰带，把沾满汗汁的身体浸入水中。另外两个围着简单的筒裙，站在池子边从一排竹筒里流淌而出的泉水之下，说笑着慢慢清洗身体。夕阳透

过树林斜照进来，温泉水雾气蒸腾。

到这里的游客，多半因为好奇“男女共浴”。及至来到之后才发现，在这个笃信水的民族面前，生命只呈现着最初简单纯净的状态，如同他们淳朴野性的婚恋方式一样，他们对身体表现出一种对待山林天地一般自然从容的姿态。我们大概也是那样的游客，于是相互怂恿了一阵才进了池塘。

“其实吧，身体从来不是原罪，羞怯、自卑、占有和窥探，这些只与欲望相关，与狭隘偏见的所谓现代文明相关。”旁边两个看起来年轻知性的青年，刚才一直用毛巾盖着脸，浮在水中一动不动，其中一个突然拿掉毛巾抹了把脸，对另一个说起话来。另一块毛巾下面沉默良久，发出意味深长的一声“嗯——”。

温泉随处可泡，难得的却是这一份对生命本源的体悟。

小贴士 *TIPS*

无论是大佛寺，还是温泉，所体现的只是傣家人从容面貌的极小一角。如水一般温柔和缓的心境，从踏入傣寨的一刻便会始终伴随。

勐拉大佛寺不收门票，野趣盎然的温泉也不收费。泡池附近有傣族人摆小摊卖腌木瓜、芭蕉和其他傣味小吃。结束 50℃ ~60℃的“桑拿”，可以就着微风吃一碟酸爽的木瓜。

在国境边边上

金水河口岸、西隆山

越南男人爱戴绿色帽子，这件事我是到了金水河口岸才知道的。

胡志明小道的最北起点

金水河镇上这座设于1897年的金水河口岸，大概是从勐拉一路走来最富有异域风情的一处了。异域之处就在于我们一下车就远远看到了一群“男人头上绿帽戴，女人脸上纱巾盖”的越南边民。

绿帽子在越南没有贬意，由于越南军队以前带的钢盔是绿色的，戴绿帽子反而是一种光荣的象征。而在金水河口岸，就成了一道风景线。

一队又一队的绿帽子带着将要在中国贩卖和交换的各种商品，走进联检大楼内办理通关手续。

我们正是来凑这个边民互市点的热闹。

陪同的李师傅带我们走进金水河畔一排修建整洁的集市里。集市贸易火爆，两地边民穿行在街道上，水果、蔬菜、粮食、中药材、服装、家电、床上用品应有尽有。叫卖声、笑声及各种不同民族语言交织在一起，整个市场热闹异常。

一个苗族装束的中年男人，似乎正拿着一张清单在对照采购，我走过去和他打招呼，借机看看他的清单。纸条上写着松香、八角，还有几样盛产于越南深山的药材。

我问他知道不知道越南人的“清单”上又列些什么呢？

“他们基本上都是过来买日用品小家电的，像什么洗发水、电风扇、手机啦。”

“那你听得懂他们说话？”

“我们听老辈人讲，他们挨着中国边边的也有跟我们一样的民族，交流嘛基本没有什么困难。”

正说着苗族男子走到了一个卖黄藤的越南摊位面前，蹲下去询起价来。

李师傅说，这里就是曾让美国人窝火了很久的迷宫“胡志明小道”的北端起点，当时很多援越抗美的物资就是通过这条通道进入越南腹地的。

不过，现在战争和政治的意味早就淡去。这座种满橡皮树的热带风情小镇，是边民们改善生活的热闹场，也是不出国门的游人在国门边上坐下来喝杯越南咖啡的好去处。

“野人”在此出没

在金平，大多数时候不是沿着国境线在走，就是已经脚踏国境之外了。比如这座以200公里的边界长度连接起中国、越南和老挝三国的西隆山。海拔3074米，有人说它相当于5座昆明西山叠加起来的高度。这对登山爱好者来说，无疑是一个很具有诱惑性的挑战。

不过，吸引我的却是曾经在西隆山深处居住过的苦聪人，如今他们完全成了一个神秘的存在。听说绝大多数苦聪人多年前早已从山里搬出来，但是还有少数人因为无法适应原始森林以外的生活，至今还住在山里，但是不容易找到。于是在印象中，他们几乎和神农架野人一样神秘无踪。

用现在的流行用语说，传说西隆山里的苦聪人是很呆萌的一个部落。他们完全不懂得节令是怎么一回事，漫山遍野种满玉米，到头来只收得一筐箩，有些人到死也学不会怎么种地。所以这个完全依靠打猎、采野果野菜为生的民族，自始至终过着均分食物的共产生活。另一个呆萌之处在于，即便山外有政府统一建好的住宅，他们还是无法适应搬家，所以有一些苦聪人就这样犹豫着几进几出。当然，最终还是又回到森林里。

这些旧事的吸引力，远远超出了森林美景。一路上都在想，如果真的遇见了，定要问问他们还唱不唱那首撵山歌。

“我们生活在大老林里，我们住在大树脚下，我们清早起来去撵山哟，太阳落坡时我们抬着猎物回家，天黑的时候我们烧起火，新烧的野物香喷喷，明天我们又去撵山啊，麂子野鹿老豹子……”

小贴士 *TIPS*

从县城沿212省道，可以到金水河口岸。边民互市点一般为星期日赶集。这里与越南气候差不多，炎热时气温接近40℃，因此防晒很重要。

傍晚散集后，可以沿着宽阔的滨河路散步，一路欣赏河对面的越南。

西隆山有“死亡丛林”之称，不要贸然独自攀登，一定要请向导，必要的话，再请个背夫帮忙负担装备。山里多蚂蟥和蛇，外伤药不可不带。

蝶梦水云乡

蝴蝶谷、马鞍底标水岩瀑布

在文人多情的眼中，蝴蝶是虫之佳丽，是花的鬼魂，是破茧重生的励志传奇，是勇敢追求爱与自由的梁祝，是古今中外长盛不衰的歌颂主题。而在现实世界中，如果蝴蝶组团儿抢你的饭、蹭你的酒、嗑你的水果，还聚成“蝶雾”挡你的路，你还有心思吟咏“留连戏蝶时时舞”吗？

一只喙凤蝶在马鞍底煽动翅膀，引发了红河谷的一场浪漫复兴

在2008年以前，马鞍底乡每年5、6月份都会遭遇这样的“蝶祸”。不堪其扰的村民不得不采取了从棍棒到农药的多种驱逐措施。“一位副乡长多次因为治理蝴蝶不力遭到批评，一怒之下吃了一只蝶蛹。”马鞍底乡退休的人大主席、热心的摄影爱好者曹老师讲起从前的逸事哭笑不得。

2009年，当时的林业站长偶遇在马鞍底做研究多年的蝴蝶专家，才得知蝴蝶是生态的标杆，“蝶祸”由此变宝贝，开始得到重视。

目前，专家已经在马鞍底发现了262种蝴蝶，其中包括中国最大的蝴蝶金裳凤蝶、最小的蝴蝶长腹灰蝶、国际濒危保护动物喙凤蝶……而他们推算的最终数据将超过400种，这意味着马鞍底的蝴蝶资源将超越著名的“蝴蝶王国”台湾岛，是名副其实的“中华蝴蝶谷”。

“现在，政府出台了保护蝴蝶的政策法规，还人工培育蝴蝶的寄主植物，蝴蝶再也不屑于吃人类的食物了，但还是舍不得小米酒。”曹老师指着一只落在酒碗上的蝴蝶笑说。当然，这又成了一个绝佳的祝酒理由，一碗小米酒，换一个蝴蝶妹妹的传说……媒体来了，游客来了，马鞍底的蝴蝶勾起了现代人久违的风雅之心，红河谷里正悄然发生着一场浪漫的“蝴蝶效应”。

然而，作为比苗族、瑶族、哈尼族、彝族、汉族等5个世居民族还要古老的马鞍底原住民，蝴蝶依旧在万亩竹林中因循着千万年的生命节奏：做茧十月，只为在花开时节尽情地跳上几支舞。蝴蝶的哲学，除了引起2500年前那位爱做梦的庄周共鸣，还会再带来一场“逍遥复兴”么？这个问题，等你来书写答案。

高山流水情人树

在五台山区众多的飞瀑中，标水岩以独劈茂林、直挂绝壁之勇占尽马鞍底的阳刚气，但又被多情的云雾缠成绕指柔，所以，标准的高山流水竟没生出一段千古知音的君子之交，却逼出了一个凄美的爱情故事。

相传标水岩寨子里曾有一对青梅竹马的恋人，小伙子拔龙和姑娘白子在瀑布前海誓山盟。但到了谈婚论嫁的年纪，白子的父母将她许配给了远处寨子一个素未谋面的有钱男人，两个相爱的年轻人相约在白子出嫁那天私奔。但当天不幸被识破，他们爬到瀑布顶端时无路可逃，双双跃下深潭。

我们正听曹老师讲得动情，已行至瀑布脚下，之前如影随形的雾气赏光散尽，只见一条巨大的水练从天而降，水声震耳欲聋。一群半大男孩正贴在瀑布脚下的巨石上比赛跳水，光溜溜的脊背在阳光下闪闪发光，"扑通扑通"的水花伴着欢乐的尖叫，羡煞隔岸围观的我们。

潭水很清，却看不到底，拔龙和白子从瀑顶跳下必定凶多吉少，但我还是希望奇迹发生，就问："后来他们变成蝴蝶飞走了么？"

"人们在太平河里找到了他们的尸体，葬在寨脚的草坡上。"曹老师粉碎了我对马鞍底版梁祝的臆想，但给出了另一种凄美结局："第二天坟上就长出了两棵相拥而生的黄心树和柏枝树，人们相信那是拔龙和白子的化身，所以叫它们情人树。"

穿过寨子，我们见到了挂满红色布条的情人树，远看是一棵，近看却是不同的两个树种，苍劲蜿蜒，目测都至少有几百年历史。世居于旁边哈尼老寨的曹老师说："我奶奶小时候见到这树就这么粗了，没人知道它们的树龄。"它们不仅被附近3个寨子奉为寨神，还兼任人们的爱情守护神，"我们这里离婚率几乎为零！"曹老师骄傲地说。

小贴士 *TIPS*

马鞍底一年四季都可以看到蝴蝶，每年 3~12 月种类尤为丰富；5、6 月份，在海拔 900~1500 米的中华大节竹分布区可以看到白袖箭环蝶大爆发奇观；4 月和 10 月，在海拔 1300~3000 米的地域可以看到褐钩凤蝶等珍稀蝶类。

标水岩瀑布全长 262 米，倾角 75 度，上宽 3 米，下宽 35 米（丰水期可达 40 多米）。每年 6 月水量最大，第二叠会水花飞溅，参观时请穿雨衣。

除了标水岩，拉灯河瀑布群和五台山五级瀑布奇观也是马鞍底的最佳赏蝶区，在乡政府内的红河谷蝴蝶展览馆则可以看到完整的蝴蝶标本展。

目前，从金平县城通往马鞍底乡的公路已修好，可自驾车或包车前往，山路多弯谨防晕车。

切记不要用马鞍底的小米酒挑战你的酒量！甜甜软软醉人于无形……

生而为人，可喜可贺

者米男人节、阿鲁姑娘节和瑶族度戒仪式

“生而为人，我很抱歉。”在从绿春前往金平的车上，我见一位文青朋友发了这样一条微博，便回复：“大好的春光别抑郁了，来哀牢山找找存在感吧！”比起汉族人只在农历正月初七“人日”时吃一碗面条，这里的人们庆祝“生而为人”的节日要隆重得多。

像男人一样去战斗

放下手机，看见前方写着“欢庆2014金平者米‘男人节’”的横幅，想起一篇文章叫《男人没了？》，每每看见“8·3男人节”之类的活动就觉得好笑：若非存在感缺失，何必这样欲盖弥彰？赶紧请司机师傅掉头，去瞧瞧这里的男人是怎么存在的。

一路打听到了过节的村子，盛装的傣族姑娘小伙各成一队在村口迎宾，活动还没正式开始，村民们热情地介绍起了节日由来：

很久以前，者米地区曾受到强寇侵扰，男人们自发组织起来奔赴战场，终于扫清敌寇。战争结束，勇士凯旋，却错过了盛大的春节，妇女们特地组织了“男人节”，家家户户杀鸡宰鸭，舂糯米粑粑，摆长桌宴，男女老少载歌载舞，比春节还要隆重，俗称“小年”。同样是纪念勇士，只有少数民族才能这样光明正大地化悲痛为狂欢。

现在的“男人节”上，盛装的男人们脸抹黑泥、手持旌旗，趟河过桥，重温祖先们悲壮与光荣交织的凯旋场景：阿妈们洒下象征祝福的吉祥水；妻子们热情地从队

伍中辨认出自己的男人，拉去河边洗净硝烟，吃一口糯米粑粑，喝一杯竹筒酒，回味生离死别的日子；烧一炷香、念一段祭词，祭祀阵亡的兄弟；敲响隆隆战鼓……

好男儿就要保家卫国，或战死沙场，或凯旋而归。和平年代，热血无处洒，血性却不可失。

你若珍惜，我必贤良

我耕田来我织布，我挑水来我浇园，这是我应该做的，我不需要代言——要是遇见这样的姑娘，不但要赶紧娶了，还要年年给她办主题派对，邀请十里八村儿的父老乡亲前来围观。我就是要昭告天下：亲爱的，你贤良，我知道。

在彝族阿鲁人的寨子里，这样感人的故事就真实发生了。相传以前阿鲁人居住在原始森林边，常受到野兽和外敌侵扰，男人们担负起守护家园的责任，维持生计

和照顾家庭的重担就落在了女人们的身上。为了报答阿鲁女人的含辛茹苦，男人们会每年春天自发地为女人缝新衣服、绣花腰带，杀猪宰鸡供其享用，还帮女人洗脚！于是形成了过“姑娘节”的优良传统。

如今的姑娘节演变成了阿鲁姑娘展现美丽和才艺的舞台，也是她们寻找心上人的绝佳时机。加上传统的酒宴和热烈的歌舞，吸引了许多外族人慕名而来，在恋爱的季节共襄这一青春的盛宴。

现在的城里人之所以喜欢往深山里跑，是因为那里的少数民族更像人类原本的样子：男人是男人，女人是女人。

男人之所以是男人，是因为女人用贤良撑起了后方，男人可以尽情驰骋沙场，即便没有沙场，也要像个男人一样去战斗。

女人之所以是女人，是因为男人的爱与理解支撑了她的奉献，她即便扛起了“女汉子”的责任，却不会失去女人的柔软。

说到底，男人和女人本应扶持共生的，你若贤良，我必阳刚。

持得了度戒才享得起欢乐

通常我们只看到少数民族的纵情欢乐，却忽视了他们为之付出的努力。要吃得了人世苦楚、hold得住七情六欲，才有能力享受生活。深受道家文化影响的瑶族人深知这一点，便世代以“度戒”这一独特的成人礼，将儿郎教育成温和守礼的谦谦君子。

瑶族男子到了12岁以后都要举行度戒仪式，通过者才算真正的成年人，才能被承认是盘王的子孙。金平县瑶族各支系的度戒仪式不尽相同，但都十分严格庄重，一般要持续10天。

在前7天的烧香期，受戒者须在戒师家吃住，白天内静心修炼，晚上聆听戒师传

授宗教经文礼仪和族史族规。其间必须遵守不食荤腥、不见天、不仰卧、不见生人等一系列戒规。7天的魔鬼式闭关后，再经戒师们两天通宵达旦的击鼓唱经教育，学习瑶族传统文化的核心内容。

最后一天，持戒者学习道教知识和家庭婚姻教育后，到“五台山”进行隆重的“转世”仪式。也就是在家附近的开阔平地搭一座“云台”，登台宣誓遵守戒律清规，然后以跳水的姿势跃下。若以双手紧紧抱膝的标准动作落入台下的藤网，则为功德圆满，否则还要重来。至今有些地区的瑶族还在沿用古代度戒礼的“刀梯”，除了持戒和宣誓，还要经过“上刀山下火海”的勇气考验，才能完成度戒。

只有通过这一整套仪式，瑶族男子具备了基本的独立人格和本族知识，才可以继续深入学习本族文化，才能受到族人尊敬、得到神灵保护，成为一个真正的瑶族汉子，绝对的可喜可贺，所以，度戒一定会以载歌载舞、通宵痛饮完美收官。

小贴士 *TIPS*

“男人节”是金平县者米乡傣族的传统节日，通常是在公历3月举行，具体时间请提前关注金平网，网址 www.bcjp.net 。

阿鲁人主要聚居在金平县老集寨乡，姑娘节通常在每年农历三月举行。

瑶族的度戒仪式通常在十冬腊月的农闲时节举行，虽多为集体活动，但有些环节外人不可参观，有时在县级盘王节活动上会进行度戒仪式表演。

瑶女有三宝：男人、银饰、神瑶药

在金平，每到坝区乡镇赶街时，熙攘的街道就变成了少数民族服装秀的舞台。其中要数项上垂着多彩流苏的瑶族女子最为惹眼：女孩戴着五颜六色毛茸茸的大花帽，年长的有的戴着用黑布叠成小山一样的长尖帽，有的戴着尖顶小红帽，边儿上还束着宽宽的一圈银链子。

生活值得精雕细琢

往下看，她们的耳朵上通常垂着两只简约而不简单的硕大耳环，斜襟的布衣镶边儿盘扣一丝不苟，还缀着大小不一的银圆银牌，肩上斜挎着彩色刺绣拼贴布包，一举手一串银镯子叮铃咣啷，裤子下摆往往贴着精美的刺绣……

等等，好像有什么奇怪的东西混进来了。没错！就是那双沾满泥巴的解放鞋！听说瑶族人多住在海拔2000米以上的高山地带，每次赶街都要负重走很长的山路，所以必须要穿实用的鞋。华服和黄胶鞋混搭出一种另类的时尚工装范儿，让我想到了本山大叔那句名言："劳动者是最美的人。"

我忍不住和一位戴小红帽的大嫂攀谈起来："你把首饰统统穿在身上，太贵气了！"她笑说："我们瑶族女人一生有两件宝贝，一是自己的男人，再就是这一身银饰。这都是我的嫁妆，但还不是全部呢。"

她说还要再去买个手镯，邀我一起去前面的银饰摊儿。女人的首饰永远少一件，看来这是世界通用的真理。就算不买，哪怕看看也过瘾啊！于是我欣然应允。意

外的是，摊儿前的大妈远多于大姑娘小媳妇。

一位目测至少有60岁的大妈脖子上已经密密麻麻挂了一匝项圈，居然还在端详一副新的，见我盯着她看，她指着自己的脖子说："这个太细了。我年轻的时候就爱这个，但只能带两圈，现在日子好了，我要多戴几圈！"

虽然爱美啥时候都不晚，但人生苦短，时刻都值得精雕细琢。眼见大妈尚且如此，我终于按捺不住爱（败）美（家）的心，加入了血拼队伍……

天上瑶池洗凡尘，地上瑶药浴仙人

入手了一个精美的手镯后，我微微有些心理失衡。因为那个瑶族嫂子她是有进有出——瑶族女人下山赶街一般都是背一大筐草药先卖掉，再买些日用品回家，人家是下山赚钱来的，打扮得那么体面也是理所当然。

大嫂说她要赶紧回家，“我晕车，还要走七八里山路呢。小娃还没满月……”我惊叹：“您这是坐月子应有的节奏吗？”她说：“这算啥，我们瑶族女人生完孩子七八天就能下地栽秧、上山砍柴。”

原来，瑶族女人的产后护理秘笈在于草药：产后3天泡草药浴，“清清爽爽，干干净净，就可以下床做家务了”，同时每天用草药煎水口服，每3天泡一次药浴，15天就恢复得跟常人一样了。

见我勤奋地扮演着十万个为什么，一个收草药的大叔忍不住补充：“不仅如此，瑶族的草药对不育症、外伤、接骨、风湿等好多病都有神奇疗效。人家说‘天上有瑶池，地上有瑶浴’……”语气很像电视购物节目的主持人，见我发愣，他笑着说：“哎哟，我又不是要卖你药。瑶族女人个个都是神农氏，我可不敢班门弄斧。”

咱可没时间小人之心，正勾画着一幅“深山寻访瑶族药王、挖掘千古奇方造福天下女性”的宏伟蓝图呢！我拉起大嫂的手，“走，咱上山采药去吧！”

小贴士 *TIPS*

金平县各乡镇的赶街时间不定，详情请实时询问当地人。比较有名的银饰摊儿在金平县城金河镇的赶街上。

金平县城内有专门的瑶药浴室，药店里也有瑶浴药包出售，各乡镇的集市上都有新鲜瑶药出售。用药前请遵医嘱。

文艺复兴的种子

彝族烟盒舞、阿细跳月、海菜腔

到达石屏大冷山下，与建水、红河两县交界处的一条远近闻名的“草皮街”时，根本不见烟盒舞的影子，倒是一片花花绿绿的彝族、花腰傣、哈尼族、回族、汉族过年一样挤在摆满农具、日用品、菜蔬、肉摊的小街上买卖吃喝。

草皮街上有绝活

内行人说看民间烟盒舞就来草皮街，莫非我们来错了地方还是对方指错了路？我们被人群裹进路边一家凉粉店，也只好先歇歇脚再说。老板娘端来飘着酸辣味的豌豆粉，听说我们几个头戴草帽的外地客专门来看烟盒舞，她说：“还不到太阳落山呢嘛，你们先逛逛。”原来这天是赶集日，白天赶集，晚上自然有闲不住的出来唱跳。

在这条街上来回逛几圈，发现来赶集的民族虽然众多，民风却异常淳朴，除了不讨价还价，这里居然还延续以物易物的古风。惊叹之中，太阳已经西斜了。果然有些盛装的彝族青年和老年人手里提溜着一对红烟盒出来了。

也没见谁起头，人群似乎是突然自发就跳了起来。这边有一对男女演起了鸽子渡食，跪地交颈，烟盒背在身后弹得哒哒作响。那边还有更绝的，两个女子轻轻巧巧地倒挂在一个老汉的腰上，老汉且歌且舞，三个人手上的烟盒韵律齐整，旁边的人说这叫作仙人搭桥。难怪说草皮街上有绝活，平时所见的烟盒舞都只是手脚功夫，舞步也很简单，这种高难度的技巧想必是快要失传的绝技了。

仙人搭桥的三个人跳了一阵，从喝彩的人群缝隙里出来休息。我马上跟上去问那个胡子花白的老者，是怎么练就这么好的技艺。我以为他会说出爷爷的爷爷辈的故事，没想到他却抓起旁边的四弦，跳着回答我："有嘴会唱歌，有脚会跳舞，不唱不跳，不成世道。"

我被深深点醒，所谓天赋，原来就是张嘴唱、迈脚跳这么简单又深奥的一件事。

三弦在手，何患无妻

从弥勒西一镇红万村出来的时候，天下起大雨，路上没有可以搭载的车，偶尔经过一辆，还是进村的。就快被浇透的时候，一辆面包车停在跟前，开车的小伙子摇下玻璃窗问我们要不要帮忙。我们当然是三两步跳上车。

"其实你们碰到我运气不好啊，我刚拿到驾照，出来练车的。刚才看你们在雨里走，我其实很犹豫要不要停车呢。"我们千恩万谢的时候，小伙子坦白告知。如此朴实，心里自然更多两分感动，虽然也有些担心，毕竟眼前乌风黑雨，路面都看不太清。

"咦，你练车怎么还带着三弦呢？"我好不容易在他车上看到一件缓解紧张气氛的东西，并且确实也好奇。

"这个嘛……如果没有它，我也讨不着我媳妇啊！"小伙子既骄傲又害羞地回答。原来我们遇到三弦高手了。

刚好路过一个空旷的加油站，我们提议进去避雨。小伙子果然热爱三弦，下车时还不忘拿起来挎在身上，他一边走一边跟我们讲三年前如何在村子里祭火时凭借这把三弦打动了一个漂亮妹子。

想必动人的不只是三弦韵律，更是求爱的唱词吧，我们强烈要求他还原一下现场。他倒不推辞，拨了两下琴弦就唱跳起来。

"喝山泉长大的阿妹哟，梨花白白不过你的脸蛋，马缨花红红不过你的嘴唇，桃叶长长不过你的眉毛，露珠亮亮不过你的眼睛，金竹秀秀不过你的身腰，蜂蜜甜甜不过你的歌，我们一起跳月吧……"他这一唱一跳，加油站的工作人员都围了过来。

我问同行的姑娘什么感受，她只闭上眼睛，说了两个字：酥麻。

这时恰好来了班车，天也晴了，我们告别这个"三弦在手，何患无妻"的彝族小伙，约定下次到他家做客，看一看那个被他的三弦牵来的阿细姑娘。

先有情思往来，还是先有水波荡漾

说到连女子听来都浑身酥麻的唱腔，除了海菜腔，只怕再没了。其实关于这种酥麻的腔调，有太多来源和说法。我倾向的是人在船上随波荡漾，见到水里同样随波荡漾的水草，于是开口便来了这高一声低一声，忽而浪尖忽而谷底的婉转曲调。

要说原因，实在是因为海菜腔如果能形质化的话，它的样子确实太像海菜。石屏异龙湖里生长着一种名叫海菜的水生草本植物，长长的根茎碧绿，头部盛开小白花。吃饭时特意点了这盘凉拌海菜，拈起一根细看半晌，我觉得彝族人如果不是天生的诗人，真的不能如此精准抓住这两者相似又诗化的特质。

听过《花腰新娘》里清澈透亮的一段，再到发源地，无论如何也该听听现场版。

遗憾我们没赶上在船头浪里的酥麻，倒是在鸭子坝这个彝族“三道红”世居的村庄见识了天音。以为需要事先相请，到了才知道它是随处可遇的寻常调子。

“啊喂——”这清亮悠长的一个男声起来，我们都不想再去追问是谁，在哪，因何起歌。静静站在树下听，对歌的女声里也没有唱词，只是明亮起伏的调子。在这个追求节奏的流行音乐时代，还有人这样以单音吟诗，平淡中孕育饱满真情，这不得不说稀有难逢。

“你说，是先有这些情思往来，还是先有水波荡漾？”同伴在一旁发问。

我想，她其实并没有期待解答。四围山色明如水，千里涛声听若无。这一联的静谧美好足以消融对这种天籁之声的过多揣度和注解。

费孝通当年见识过红河歌舞后说，这里有文艺复兴的种子。田间地头的他们，自是不知复兴是什么，文艺地生活着却是一种令人钦羡的本能。

小贴士 *TIPS*

草皮街的确切位置在元阳县保山寨。除了自发的烟盒歌舞，最特别的就是这条街上的集市了，五六个民族不同支系聚集在这里赶集，堪称民族大观园。草皮街集市最大特点是不用称，东西论个或堆卖，也可以物易物。

看阿细跳月，不妨在农历二月初三去弥勒西一镇，那一带有许多阿细聚居村，红万村是阿细祭火发源地，歌舞场面盛大。

石屏的异龙湖不一定听得到海菜腔，但周边的几个村子都是海菜腔流行地，如陶村鸭子坝、牛街、龙朋六街等。

这些民族经典，不建议到各种风情园看表演，到它们的发源地感受现场版是绝妙选择。

金平游赏线路设计

看点

拉灯瀑布群、五台山、蝴蝶谷、分水岭保护区、勐拉温泉、大佛寺、天生桥

线路

县城附近（1日）：勐拉—金水河口岸—勐拉大佛寺—勐拉温泉（沿途傣族民居）
蝴蝶谷（1日～2日）：拉灯瀑布群—标水岩瀑布（标水岩民俗特色村）—天生桥—平河大草地（山地草原风光）—漫江河温泉—五台山原始森林
蝴蝶谷位于金平县马鞍底乡，但不是单个景点，或者说它泛指整个马鞍底乡，以中良河、太平桥河、水碾河、拉灯河、漫江河为主。
金平梯田较为分散，基本上乡镇沿线都可见到，集中区为拉灯田坝、标水岩田坝、地西北田坝、中梁田坝、普玛田坝。

TWO

四时风月此间人

艺术家，词典中是指具有较高的审美能力和娴熟的创造技巧并从事艺术创作劳动而有一定成就的艺术工作者。词典中还说，艺术家是源于自然，发于心灵的艺术作品创作者。

哀牢山里的哈尼族有句俗话：“梯田是小伙子的脸。小伙子美不美，主要看他造田怎么样，若是他筑埂、铲堤、犁耙田样样来得，就会得到大家的称赞，并赢得姑娘的爱慕。姑娘美不美，关键要看她在梯田里做的活计好不好。”其实不光造田，哈尼人生活的方方面面都在创造美，表达美，或者说都在向外界展示大自然所赋予自己的艺术天分。

如果你觉得，这样的说法过于将哈尼人的生活艺术化、诗意化了。哀牢山毕竟自然环境恶劣、条件艰苦，所谓原生态是游人们附庸的说辞，所谓艺术创造亦不过是苦中作乐——如果你是这样想。这样的想法或许对错掺半。

不妨先试着回答这样一个问题：如果命运给了你一手烂牌，这一生你将如何出牌？

有人说梯田恍若仙境，却不知最初的梯田所在处，是没有立锥之地的高山。有人说哈尼人的衣服精美难言，却不知那些纹饰中三角的是高山，蜿蜒的是流水，他们把整个民族走过的昨天穿在身上。还有人说哈尼人中有许多动物语言专家，他们能与动物们通畅交流，彼此知心。

其实想说的，这些就是哈尼人出牌的方式。他们曾得到一手烂牌，却用最坦然的心态去打。艺术不过是用平实浅显的方式忠实记录生活。如果没有这样的心态和情意，艺术只是艺，而没有术。换句话说，艺术家是忠于生活的人。

照此定义，祖祖辈辈生活在森林与梯田间，致力于生活从而提炼出种种生活之美的他们，是当之无愧的艺术家。

把哈尼族唱给你听

元阳箐口村哈尼哈巴传承人李正林

哈尼人从哪里来？哈尼人怎样春种秋收？路过一片树林有人祭祀，他们在唱什么？……面对我这方兴未艾的十万个为什么，90后文曲星曹姑娘直接带我到箐口村哈尼哈巴传承中心，求助于该村最渊博的人——40后大摩匹李正林。

不会唱哈巴的祭司不是好老师

在漫长的历史中，哈尼族一直没有文字，除了受家庭熏陶，哈尼人主要通过听摩匹唱哈巴来习得本族文化。在哈尼史诗中，摩匹是与头人和工匠并重的三种能人之一，掌管着哈尼人的精神世界。

李大爹尽量用普通话回答了些家长里短的问题，然后翻出了几本他参与的关于哈尼族文化的书。对照书上的汉字，我们请求李大爹唱一段哈巴。

"哥哥喜欢弟弟，溪水喜欢河里的鱼。你是会唱哈巴的能人，你是会唱哈巴的高手。未曾目睹九代祖宗，九代祖宗的话照说着；未曾耳闻十代祖音，十代阿波的事依然讲着。"

唱的是摩匹。没有乐器伴奏，只有沧桑的嗓音，庄重而舒缓地宣叙着一种深沉的力量，似说似唱，完全听不懂的哈尼语变成了一串悠扬的音符，那是母语在土地里长成的旋律和节奏。

如今哈尼族有了自己的文字，但仍无法取代吟唱的魅力。在哈尼人的生活中，大到传统节日，小到个人祭祀、婚丧嫁娶、添丁盖房，唱重头戏的仍是哈巴。

李大爹12岁开始跟父亲学习哈巴，26岁学成，如今70岁的他已是箐口村的大摩匹，还收了下至18岁的孙子、上至70岁的邻居等多名徒弟，经常应邀主持村里的各种祭祀活动。

作为哈尼哈巴州级传承人，李大爹还常受邀到一些地方上的活动表演哈巴，也成了学者和媒体的老朋友。但在节庆之外的寻常日子，他就是抡着锄头夯田埂、捧着烟筒哄孙女的普通哈尼族大爹，梯田和蘑菇房就是他的老师、他的歌。

鹿子是狗撵出来的，哈巴是酒撵出来的

"不懂哈巴的人，算不上是真正的哈尼人！"说起哈巴，前马鞍底乡人大主席曹大爹慷慨激昂。"'哈巴'的就是'沿着祖先开辟的路子走'，是哈尼人的'正路'"。

“那您唱几句吧！您看这梯田这么美……”在烈日下穿行标水岩瀑布下的老寨村，我不禁起哄。

“梯田当然美，我看了几十年还是觉得美，可要唱嘛还差点儿啥……麂子是狗撵出来的，哈巴是酒撵出来的。不栽秧，也没酒，唱啥哈巴？”老主席卖起关子来。

到了晚上酒过三巡，我说春天的梯田最好看，老主席立刻反驳：“何止春天？哈尼梯田一年四季都美！”说着自己就唱了起来。还是完全听不懂的哈尼语，不同于摩匹的端庄，老主席唱得多了些高亢和欢快。“这是每个哈尼人都会唱的《生产四季调》，唱的就是夏天的梯田，‘绿野遍地，像一首诗’。”

我赶紧敬上一杯，求即兴哈巴。老主席抿了一口小米酒，张嘴就来。浑厚绵长，余音绕梁。问是啥意思，老头儿的普通话已经醉了，“欢迎、高兴、和谐、创新”之类的词儿整了一堆，我们早已意会，便只管鼓掌喝酒。

列宁说没有劳动的生活是盗窃的生活，我朋友说没有歌唱的生活是野蛮的生活，老主席则用“酒撵哈巴”诠释着这两句话的结论：劳动者的歌唱是最诗意的生活。

小贴士 *TIPS*

“哈尼哈巴”即哈尼古歌，自古流传于红河南岸的元阳、绿春、红河、金平和建水县等哈尼族聚居地区，是传播哈尼文化知识的主要方式和载体，涉及哈尼族古代社会的生产劳动、宗教祭典、人文规范、伦理道德、婚嫁丧葬、吃穿住行、文学艺术等各个方面，被誉为“无字的百科全书”，是 2008 年 6 月国务院批准的第二批国家级非物质文化遗产。

挑大梁的哈尼族妇女

哈尼民族女英雄卢梅贝

文能捉针绣华服，武能背篓运石沙。抡起锄头能开荒，支起摊子能经商。上得了厅堂，下得了厨房。奶得了孩子，吓得跑流氓——哈尼女人用生命诠释“女汉子”本色。自己换个灯泡修个马桶就自封“女汉子”的城市女青年，请和男人们一起面壁颤抖吧。

有一种“女汉子”叫哈尼女人

从元阳普高老寨到金平马鞍底，从绿春县城到红河十二龙泉，勤劳的哈尼女人无疑是云雾、梯田和蘑菇房之间最酷炫的一道美景。由于哈尼人的梯田和村寨多沿山势而建，连拖拉机也开不进去，无论是收稻谷还是盖房子，只能交通基本靠走，运输基本靠背。

有一次在梯田边遇见一群哈尼族大嫂在背红砖，我数了平均数量是22块，百度了一下，按标准尺寸24厘米×11.5厘米×5.3厘米的每块砖重2.63千克计算，总重量57.86千克。大嫂只用一根绳子兜住砖堆，上边用头顶住绳子，背部和砖堆之间用一块木板固定相隔，保持身体前倾20度，神情自若地下田埂去了，目测至少要走个4公里才能到对面的寨子。

此外，在扛木头、修田埂、放牛之类体力劳动的场面中也活跃着广大哈尼女人的身影。而在卖米线、烤豆腐、开小卖部、奶孩子、做饭、织布、染布、绣花等精细劳动的第一线，则几乎是清一色的哈尼女人。您问哈尼男人去哪儿了？

据说，由于在传统生活中习得了以上诸多劳动技能，哈尼女人不论是在家种地做裁缝还是外出打工都是一把好手，因此纷纷掌握了家里的经济大权。既能赚钱养

家又能貌美如花的哈尼女汉子，已经让哈尼男人感到了丝丝压迫感。刚开始有压力的躲起来抽水烟去了，压力山大的出去打工了。

有一种女神叫多沙阿波

在娱乐圈，有一种女神叫范爷，她穿龙袍走红毯，放出“我就是豪门”“我从来不靠男人”等豪言，树立了新一代的都市独立女性形象。

在哈尼族的历史上，有一种女神叫“多沙阿波”，翻译成汉语就是多沙寨的爷，她叫卢梅贝，是一位不爱红妆爱武装、率领百姓得解放的哈尼女汉子。卢爷生于元阳县多沙村，自幼不爱绣花爱摔跤，13岁随父上山打猎，习得一身舞刀弄枪打怪兽的真本事。

适逢民国初年，社会动荡，官府猖狂，土司如狼，百姓凄凉。金平县芭蕉河“苗王”马勃打响了滇南农民起义的第一枪，17岁的卢爷带领家乡百姓遥相呼应。一年后，卢爷率哈尼族义军奔赴芭蕉河，18岁便被推举为万余名起义联军的统帅，提出“万众一心，抗捐抗粮，有福同享，有祸同当”的口号，“多沙阿波”从此得名。

在对抗土司和官兵的数十次战役中，年纪轻轻的卢爷彰显了惊人的军事天赋，强烈震撼了各地土司和新军阀在滇南的统治，也因开仓放粮、救济贫民的义举，受到各族群众的拥护和爱戴。经过一年半的激战，1919年4月，义军终因敌我力量悬殊被迫突围，卢爷与官军展开了白刃战，起义失败。

兄弟们强行阻止了卢爷的殊死搏斗，掩护她潜入原始森林。在百姓的保护下，卢爷安全地隐居深林直至解放。跟白毛女的悲惨故事不同，卢爷重返人间后积极参与社会活动，热心公益，最后在新社会寿终正寝，留下一代女神传奇。

小贴士 *TIPS*

元阳县攀枝花乡除了有仙境般的田园风光、如火般热情绽放的攀枝花，还有传奇女英雄卢梅贝的墓，位于多沙寨东北方向，无墓碑，只能徒步前往，沿途寻访，正是欣赏梯田美景、重走革命之路的绝佳方式。

末代乡绅：土豪中的贵族

元阳宗瓦土司府传人普庭辉

客栈的胡阿姨说带我们去土司家做客，我激动得不得了：终于可以见到活着的土司了，那可是货真价实的“土豪”啊。

这个土豪有点儿萌

沿着梯田间的乡间小道，从普高老寨串到下寨，只见一座青砖斗拱的门楣上书“宗瓦司”三个大字，斑驳的红色木门下有石阶，门旁疏斜几支红月季，对面有石桌石凳，尽管砖石透着沧桑，但在这片朴素的田间寨子里显得分外贵气。

一只小狼狗见了我们一群人立刻狂吠，一位老者推门箭步迎出来，黑呢礼帽，紫褐色缎面唐装，黑裤子，大地色休闲皮鞋，在他热情地挽起胡阿姨的手臂时，还露出了一只质感不错的手表。正当我暗自赞叹老土司潮爆了时，他突然嘟着嘴堵在门口，嗔怪胡阿姨很久不来看他，目光之矍铄，表情之丰富，堪比专业演员。

他是宗瓦土司普氏的后代，如今独自守着这座有156年历史的家传老宅，儿女们成家后都住在旁边的新房子里，老伴儿去年刚去世，胡阿姨心心念念的做饭很好吃的老太太如今微笑地待在供桌上的黑白照片里。

在旁边的照片墙上，我们看到了年轻时的老土司，少年普廷辉，绝对的民国小帅哥。正想听点儿土司家族的如烟往事，老土司却拉着看他刚拍的“七十八岁留影”。硕大的相框里，标准乡绅装束的他站在青山绿水的梯田边。

一抬头，老头儿正瞪圆了眼睛咬着嘴唇等着听赞美，我发自内心地感慨他生在一个神仙住的养老地点，他憋不住笑，说照片里的梯田是假的，是照相馆的背景，然后大笑了半天，像个恶作剧得逞的熊孩子，胡阿姨翻着白眼直摇头。

天生乡绅难自弃

胡阿姨说想要挖几棵植物回客栈，老土司就拉着她们两口子去菜园，神态之夸张，充分显示着家大业大的豪爽。胡阿姨悄悄说：“老头儿是我干哥哥，对我特别好，但我始终受不了他这么浮夸！”老土司猛一回头，故意瞪大了眼睛。

身手矫健地挖完魔芋，老土司带我们参观不大的四合院。曾经的宗瓦司署议事厅堂前挂满了干玉米，两个邻家大爹坐在屋檐下默默地抽着水烟。曾经二楼的闺房变成了空旷的仓库，只有一群蜜蜂在不甘寂寞地“嗡嗡嘤嘤”。我们试着读出那些坍颓的石柱上斑驳的对联，“短衣匹马随李广，挥刀砍石恨谯周”，昔年的金戈铁马，如今都被岁月沉寂为柴米油盐。

送我们出村的路上，老土司对我说起了他的光辉岁月：新中国成立后，他作为少数民族代表参加国家级田径运动会，又因为能歌善舞进了北京的文工团，但“因为作风问题被赶回来了”，他笑嘻嘻地说，脸上的表情分明是骄傲。

“又吹牛！”胡阿姨回头丢了一句。老土司不理会，继续说：“我已经向政府申请了维修房子，明年你们再来我家就更漂亮了。”前一秒还在笑他自挖墙角，这一句话却说得我伤感起来，我不敢保证自己还会再去看他。而他本着一贯自娱自乐自信爆棚的心态，默认为我们都会回来。

走出几步再回头，见老土司正拄着一根“文明棍”站在坡上。一位78岁的老人，还坚持对着装的讲究，还努力耍宝自嘲，这是对生活何等的热爱？身份不再，风骨犹存，所谓乡绅，比土豪多的，就是这一点自贵的精气神儿吧。

小贴士 *TIPS*

宗瓦司为元阳县级保护单位，建于1856年，坐南朝北，砖瓦土木结构。据地方志史载，明万历四十二年（1614年）设宗瓦掌寨，疆界辖今多依树、大瓦遮乡一带。清嘉庆十二年（1807年），宗瓦掌寨分裂为宗哈、瓦遮、宗瓦三掌寨。

梯田摄影师与哈尼下午茶

梯田哈尼人家

放满水的一块梯田里用泥巴筑起一个圆圈，一对鸳鸯在其中怡然悠游。我调好相机焦距，正要按下快门，突然发现镜头里有一个小男孩，似乎也正面对我举起一样东西，久久不动。

暖壶摄影师：一场关于梦想的对话

我走向他所在的田棚边。是一个七八岁的哈尼族小男孩，见我走近，不敢抬头看。和山里的孩子最快的交际法是分享一两颗糖果，他接过糖，神情果然大方许多。

“你手里拿的是什么？”我问他。他说，是照相机，说着就递给我。

我仔细观摩他的“相机”，那似乎是从一只保温水壶上拆下来的内盖，按下中间凸起的一块，就算是拍了一张照片。

“那你刚才是在拍我吗？”他点点头，小声说：“我的照相机能装好多相，我每天都会出来拍。”

“那你的理想是照相？”

“理想？”他歪着头表示费解。“你长大了想干什么？”我重新问他。

“我大哥在外面读书，他说外面有汽车，我要去外面照相。”

“哦，还有，我家后面的山上有猴子，我已经看见好几次了，我要照了拿去给我大哥的同学瞧。”小男孩很健谈。

“你有没有去过‘外面’呢？”他摇头，说：“我要跟我爹看田。”

他从口袋里掏出几张画片，画片上是摩天大厦和旋绕的立交桥，“我以后要去照这个，还有这个”，他一边翻画片给我看，一边说。

“赶紧走，主人家请我们去吃汤圆呢。”和小摄影师聊性正酣，白老师过来叫。我差点忘了今天是来造访他多年前的一个学生家。恰好那个嫁到外地的女学生今天回娘家探望，听说我们来，特意包了汤圆等着。

哈尼下午茶：土蜂蜜汤圆就地椒水

小摄影师原来是女学生最小的弟弟，他带路去到了他家。火塘边早已摆好了五六碗煮好的汤圆。女学生的父母不通汉话，已为人母的女学生怀抱幼小婴儿仍然热情招呼我们趁热吃。

桌上摆了四种蘸料。一碗砂糖，一碗蜂蜜，还有两碗像是花生末。女学生让我们一定尝尝刚从树上蜂巢里拿来的新鲜土蜂蜜。我用筷子挑起金黄醇厚的一点蜜尝了尝，并不完全是甜，甘香中略带一丝微酸，味道自然野气。连忙抹一些在汤圆上，这一丝微酸恰恰解了糯汤圆和甜蜂蜜的腻，忍不住一连吃下好几个。

再舀一勺“花生末”拌进来，才知道其实不是花生末，而是烤香舂碎的一种豆末。豆子并非炸酥，仍然保留脆硬的嚼劲，越嚼越香。禁不住感叹哈尼人连这样的汉地小食也做得如此精致细腻，深谙种种食材的搭配和口感。于是拿起相机想要拍下这些食物，却再一次发现那个小摄影师也举着他的“照相机”，学着我的样子，认真凑近碗里的汤圆。

吃过汤圆，女学生的老母亲拿来一捧干树枝一样的东西。每个杯子里择下一小枝，再倒入滚水。

“这是地椒茶，喝喝看。”一旁的白老师解释。

他说这种我们从没喝过的东西其实就是山胡椒，梯田边上随处可见，哈尼族老人很喜欢喝它来保健。尝一口，确实清凉甘甜。于是又喝下数杯。

既开眼界又飨口欲的下午茶结束之后，我们心满意足地告别。走出很远，小摄影师和他的姐姐还站在梯田边目送。我举起相机，拍下一张他们的照片。在镜头里，我又见到他对我举起了那只寄托梦想的照相机。

小贴士 *TIPS*

哈尼人好客这一点众所周知，如果你恰好去到梯田边的哈尼人家，运气好的话会遇见梯田附近的种种小食，地椒茶、野蜂蜜、野果、野菜等等。

和主人家坐在田棚里聊天喝茶，看看近在脚下的梯田中光影变幻，这与在城市中的茶堂里喝茶相比，是完全迥异的难得体验。

边地手作达人：爱在山穷水尽处

以前听人讲起西北贫寒山区的艰苦和蒙昧。问放羊娃长大做什么，回答娶婆姨，又问娶了婆姨做什么，回答生娃，再问生娃来做什么，回答放羊。

“一辈子只做一件事？那就是骑马赶羊吧”

在金平县马鞍底的平河大草地，我见到了传说中意愿世代放羊的哈尼汉子。只不过，眼前的绮景多少让人无法再联想起那个寸草不生之地的放羊娃。

断然想不到高山深处，藏有这样一片草原。一条碧河阔然相伴，四围花香蝶舞、牛羊成群，几间零星点缀的棚屋。就是在这样的世外仙境遇见正在制作赶羊弓的他。我走过去看他工作，没有人先开口说话。

见过西藏牧民的赶羊工具吾尔多，他正在做的工具，不知道该叫作什么，一片菱

形小兜很像吾尔多，整体却是一只弓。用青篾片编成一小片菱形，穿在一根韧性十足的竹条上，再绷紧在另一根硬竹条上。他已经完成，正在用砂纸将菱形小兜打磨光滑。整支弓精致秀巧，倒不像是工具，更像是一件赏玩的手工艺品。

我啧啧称赞着，一边拿过这支弓想试一试。他递给我一颗石子。担心伤到羊，他把这些石子的棱角全部磨圆了。我只是空拉两下，轻巧称手。他接过去给我演示，竹弓“嘭”地一声，石子已经打在草地上一只离群的山羊身上，小羊条件反射地跑拢大部队。

他说他每天都来大草地放羊。羊吃草，他晒太阳睡觉，有时兴起了就下河捉鱼摸虾，或者骑上马在草原上溜几圈，再不然就是约伙伴们一起来纵情歌舞。他还说，如果一辈子只做一件事？我希望还是在大草地骑马放羊吧。

一统天下的猪槽船

为了游一次绿春的李仙江，先请渔家造条船。这么奢侈的出游，应该羡煞太多人了。而事实是，我们刚好赶上江畔的土卡河寨子里一户傣族渔家要造一条新的渔船而已。李仙江里的面瓜鱼、弯丝鱼、长胡子鱼以及其他叫不上名字的鱼多得难以计数，但江水湍急，那种叫作猪槽船的小船在捕鱼的人家里很流行。

一株粗大的黄娘木，把树干挖空，两头削尖，做成一只猪食槽的样子便成了船。我们到的时候，河滩上进行了一个星期的劳动已经几乎收尾了。船家家里的老人和孩子正在轮番把凿下来的木屑背回家做烧柴。几个造船汉子各自坐在船的头尾里外默默打磨。

问过才知道，制作猪槽船虽然是土卡河寨子里流传下来的习俗，却是师从其他民族。他们没有说，我猜想是泸沽湖畔的摩梭人。传说几百年前泸沽湖里发大水，顷刻间淹没了所有的村寨和人畜。一个正在喂猪的妇女见到湖水滚滚而来，吓得跳进了猪食槽里。大水托起了这条“船”，她幸免于难。

但是无论如何，这种船成了普遍打渔人的绝好伴侣。

乘船穿行而过，沿江两岸是鳞次栉比的崖松、泡竹、芭蕉林。划累了，就泊在江边，找个平缓背风的地方生火做饭，喝一碗自酿苞谷酒。江边多的是巨石，酒足饭饱随便选一块石头躺下就是一觉。

他们的描述很是让人想即刻登船出江领略，可惜这新造的船暂时还不能下水，我也只好站上船头，远眺江对面的傣家小楼，假装正在这艘猪槽船上乘风破浪，指点江山。

小贴士 *TIPS*

去到金平马鞍底乡的平河草地，常能遇见策马扬鞭的赶羊人。这里还开放露营和烧烤。在丰美草原上亦饮亦宿，是件快事。

绿春李仙江畔并不总能遇见造船，但是无论乘坐什么船游览，总能遇见划着猪槽船迎面而过的傣族妇女或汉子。江边的土卡河寨子是打渔为生的傣族村子，在这里做客所能品尝到的傣味，与陆地傣家大有不同。

说鸟语的性情中人

哈尼文化传承人白者黑

小城绿春有块哈尼文化活招牌，但凡去学习的、搞研究的、做访问的、深度游的，都绕不开这个招牌人物。但并不完全因为这个人守着世界上最大的、唯一的哈尼族博物馆，也不因为四年前他和妻子建立起一座哈尼服饰传习馆，并且收藏了数百件古老的哈尼家庭日常物件。所有推荐这个名叫白者黑的地道哈尼汉子的人，都用一句话来概括了推荐理由：老白是个很性情的人。

有一种性情中人，不走寻常路

在第二天由他做向导、说走就走的短暂旅途中，我们见识了这个性情中人。老白带人游绿春，从来不会专挑那些著名的官方推荐景点，他对故乡的深爱在于他并不认为只有叫得上名的地方才是景点，“处处都有玩场”。否则他也不会一时兴起停在三猛乡一处山路边，带我们下河捡石头。

老白跳下车穿着鞋袜和长裤就径直蹚进河中心去了，留下一句：“这河里有奇石，慢慢找吧。”绿春产奇石，这一点我们确实不知，老白说不久前有人在这里捡了几块石头卖了几万块，“当然，来这里捡石头不是为了赚钱，图个乐趣”。他家里花盆中，茶台上摆的小玩意儿，很多就是从这里捡回去的石头。

除了下河捡石头这种“玩场”，老白还极力鼓励我们和鸟说话。他最常说的两种鸟语，来自两种叫作“星星桃子”和“底格里斯”的鸟，鸟的名字都是他据其叫声给取的。后来在黄连山，他站在树下“说”了半天，果然招来了这两种鸟。他说其实人人都有这种和动物沟通的天赋，只不过我们并不用心感受种种生物，语言和感情的隔阂，其实是心的隔阂罢了。

性情中人大约有两种，一种在于为人洒散豪放，一种在于对物细腻痴心。白者黑的性情，大概是后者无疑了。

别馆里的"破烂"

"走，去地下室看看。"在白者黑的服饰传习馆里参观，以为所陈设的只有几十套哈尼服饰，没想到他又抛出一处秘密别馆。

顺石阶到达服饰传习馆的地下一层，发现这个"别馆"其实是浓缩、亲民版的哈尼族博物馆。老白在三年前离开县委宣传部新闻科，一箪一瓢攒起这个陈列室。260余件古老的哈尼族生产生活用具和农耕器具，大多焦黑破败，并未经过专业的修补整理，连一旁的文字注释亦是他自己剪了纸片所写下。许多物件一看便知是从村民家中的灶台上瓦檐下直接取来。这些，是他做新闻走村串寨时老乡们给予的恩情和便利。

老白最钟情的物件，其实并不在展览之列，而是藏在他家中电视柜里一张五十年代的土地证。当初置在一户人家火塘上方的烤架上，塞在一截被玉米和腊肉火烟熏染几十年的竹筒内。那是绿春县有史以来第一份个人土地证明，纸张和书写端正讲究。老白拎着水果和油米，前后登门三四次，老人才最终将它出让。

在交替更迭的山乡变化和物质侵染中，种种旧物只是寻常。在老白却是文化传承之梦想。而这个梦想的初衷，原本不过是如同初来乍到时那样新鲜敏感地去活着。

小贴士 *TIPS*

绿春县哈尼族博物馆，位于绿春县城中心广场一侧，是世界范围内哈尼族唯一、最大的文化舞台。

哈尼服饰传习馆位于绿春县城坡头村昂玛拐弯处。唯一完整传承着十五道哈尼族传统纺织工艺的展馆，也可买到手工原创哈尼族服装与饰物。

白者黑，是绿春县哈尼族博物馆馆长，哈尼服饰传习馆创始人，哈尼文化狂热者。你问他怎样游赏绿春，他一定不会为你设计常规线路走马观花。他所推荐的去处和玩法，多半你会留下故事和念想。如果你向往深度民俗游，去他的传习馆找他聊聊不会错。

远行与回归

已故弥勒艺术大家熊秉明

在云南，熊秉明这个名字在许多年轻人中想必是陌生的。不过，弥勒县里一座与此相关的老宅和另一个名字，一定是许多人所熟知的。

距离弥勒市区50公里的朋普镇息宰村，那是一个流淌着甸溪河，生长着水稻、玉米和甘蔗林的村庄，村子里有一座始建于清代末年的四合五天井宅第，悬挂着牌匾“熊庆来故居”。这里正是那位发现和栽培了数学家华罗庚的老数学家熊庆来的旧居。

“坐落在盆地的平原（坝子）上，坝子气候炎热，以产甘蔗著称，也多玉米，稻田较少。甘蔗、玉米都是高型作物，从高处远望，给人以庄稼丰盛的感觉。父亲常说：‘稻田像水彩画，甘蔗田、玉米田像油画，我们的家乡是一幅油画’。”这个回忆起那座老宅的人，就是熊庆来的次子熊秉明。

从9岁起，熊秉明就开始接受父亲关于几何、直线、构图的观念，后来又随父亲到巴黎上了两年小学，参观过卢浮宫、罗丹美术馆等艺术圣地。儿时家乡风物和异国文艺氛围的熏陶，这位数学家的儿子后来便成为了蜚声国际的一代艺术大师。20世纪50年代，他独出一格开始铁焊雕塑，作品以牛、瘦马、狼、乌鸦、鹤、鸽子等为题的生命形象，注入中国文化，赋予这些动物以人的性格和时代精神，这些作品在世界美学界引起了轰动。

80年代，《弥勒县志》开始编撰，熊秉明就从法国寄回了许多张耕牛雕塑影印

件。他的雕塑中经常都有云南的牛。他在后来在家乡举办的座谈中还说："昆明人的面型我熟极了，那上面的起伏，是我从小徜徉游乐其间的山丘平野，我简直可以闭着眼睛在那里奔驰跳跃，而不至于跌仆。"

太多人去过弥勒的白龙洞，却并不知道"白龙洞"三个遒劲有力的大字出自这位弥勒之子的手。无论所写所画的是什么，写下的画下的其实都是自己的心，所以熊秉明的笔下和刻刀下所流淌的一生，总是对故乡小城弥勒的绵密乡愁。

小贴士 *TIPS*

弥勒县城南的息宰村，还完整保留着熊家故居，免费开放参观。以熊秉明父亲熊庆来命名的庆来村、庆来路、庆来学校、庆来公园也可以去走走，感受弥勒人对这一对科学艺术大师的深切缅怀。

古老腔调的年轻代言人

海菜腔传承人李怀秀、李怀福

“我在你们的歌声里听到了来自大自然的声音，来自田野的声音，来自祖先血脉的声音。”2004年5月3日，第十一届CCTV全国青年歌手电视大奖赛直播现场，最后登台的李怀秀和李怀福演唱了一首《金鸟银鸟飞起来》，3次担任青歌赛评委的田青教授给出了比赛4天以来的最高分。

海菜腔洗耳，原生态洗心

接着，这位号称“冷面杀手”的音乐理论专家面向全国电视观众激动地说：“这两位歌手的音色是美的，音准是好的，节奏是准的，更重要的是他们唱的是快乐，也给了我们快乐。”

享誉世界的男高音莫华伦和指挥余隆等海归评委们兴奋得站起来鼓掌，通俗唱法的评委们发出了看摇滚现场般的尖叫。

作为中国最高规格的歌唱比赛，青歌赛的专业评委有充分的理由保持傲娇。在选秀节目方兴未艾的10年前，观众也还没有成为一种职业。他们都把由衷的掌声送给了台上的彝族姐弟，只因为古老的四弦伴着野性的歌声重启了他们的耳朵。

李家姐弟演唱的曲目结合了海菜腔和花腰彝山歌的精华，本就是旧时青年男女在湖上渔猎和玩场休闲时传递情思的歌谣，加上汉语诗词的影响和生活中的即兴创作，天生便浪漫风雅、销魂摄魄。

李怀秀以绵长的高音和持续的八度大跳唱足50秒，尤其令人惊艳。她音质纯净、音色华美，加上海菜腔600年提炼出的科学唱法，使她在行腔处理上刚柔并济收放自如，高低音和谐相融，真假声切换不留痕迹，高超的技巧无迹可寻，天籁般地诠释了海菜腔婉转悠扬的穿透力，带给听者一次由耳入心的返璞归真之旅。

由于海菜腔刷新了评委对歌唱的认知，李家姐弟在这届青歌赛上只获得了鼓励奖，却引发了一场关于专业唱法设置的讨论。两年后的第十二届青歌赛新增了“原生态唱法”，再次参赛的李家姐弟稳获金奖，他们和海菜腔一夜成名，“原生态”一词随之爆红。

俊俏花腰金玉嗓，小弟弹琴二姐唱

姐弟俩生长于石屏县龙朋镇一个花腰彝村寨，李怀秀在家里排行老二，李怀福是最小的弟弟。他们都遗传了妈妈的好嗓子，小时候常听妈妈组织村里的老人唱海菜腔。但那时村民都觉得海菜腔“老土”，加上对嗓子要求高，年轻人都不爱学。

1991年，14岁的李怀秀因为胆子大嗓门亮，被北京来的著名作曲家田丰选入他的 “云南民族文化传习馆”，师从多位优秀民间艺人，用了10年时间系统学习海菜腔等“滇南四大腔”、花腰彝族的数十套歌舞和哈尼族、纳西族、佤族等民族的歌舞。其间，她曾应邀出国演出，也曾在广场上教人唱海菜腔却无人喝彩，甚至为了维持传习馆的运营而去一家公司当出纳。

弟弟李怀福则在中学毕业后进城打工，像所有的80后一样迷恋流行音乐，与自己民族的歌谣渐行渐远。但基因中的旋律不灭，加上姐姐的苦心引导，2000年，李怀福也加入了传习馆，学习了两年之后开始和姐姐搭档演出。

姐弟俩陆续在一些歌唱比赛上崭露头角，就在青歌赛中获金奖并被加冕为歌王的同时，海菜腔成为首批国家非物质文化遗产，他们成了这种古老腔调的首席代言人。在他们的影响下，家乡的年轻人又爱上了唱民歌，有的学校课间操时放的都是海菜腔。

重新唱起海菜腔、跳起烟盒舞的花腰彝找回了自己的表达方式，而声名大噪的李家姐弟则婉拒了许多中央院团的邀请，留在了红河州歌舞团，照样吃炸豆腐蘸辣椒、瞎想寻访老艺人切磋学艺。他们深知，家乡的土地是海菜腔的根与魂，是异龙湖水的柔波荡漾出了这超越时代的浪漫和风雅。

小贴士 *TIPS*

李怀秀李怀福新浪微博 http://weibo.com/u/1711572304

李怀福博客（可试听新专辑）：http://user.show160.com/2533167/

THREE

远走世外，相逢于斯

20年前的中国大地，要再找出一处可以被叫作“奇观”的新地方，可能性已经很小。这一点，也愁煞了一个长期驻扎中国少数民族地区、拍摄人文自然风光的法国摄影师阎雷(Yann Layma)。某一天，在一本中国旅游杂志上，阎雷看到一张很小的梯田照片。画面虽然很小，却无比震撼。阎雷四处打听这片梯田，可是在20世纪90年代初，哈尼族尚且鲜为人知，更不用提他们的哈尼梯田。历经周折，这个法国人才向一位云南的地理杂志编辑打听到位于哀牢山南部的元阳梯田。从而更进一步知道，那里的梯田开垦历史居然已经上千年，而且并不止元阳境内的十几万亩，规模巨大到绵延整个红河南岸的红河、绿春及金平等县。

阎雷当机立断要进入哈尼梯田做一个摄影专题。于是，一部名为《山的雕刻者》的摄影集，也成了这位法国摄影师长达30年影像生涯中最重要的作品之一。一个哈尼族老人盘坐在牛背山，默默注视着远处仿若仙境的梯田，这张照片也成为哈尼梯田的代表性画面而被世人所熟知。阎雷被称作第一个将哈尼梯田推向世界的人。

后来，阎雷在老虎嘴梯田彼岸的田棚里完成了与第二任妻子的婚礼，并在这里度过此生难忘的蜜月。他并不是最早拍下梯田的人，却是最早以旅者的身份住在蘑菇房里，伴着绮丽壮美的梯田日出和云海，度过人生中一段重要时光的人。

在他之后，不只作为自然景观，哈尼梯田更以丰富神秘的人文景观，成为一处新的目的地。探险，徒步，摄影，做客哈尼人家，或者只是在半山上捧着一杯云雾茶远眺天梯，这些也已经成为旅者们在哈尼梯田的生活方式。

尽管也有的人，仍旧钟情于丽江和凤凰的青石板红灯笼，钟情于换个地方泡酒吧，但旅行方式毕竟没有高下好坏可言，种种选择都不过是心灵侧重点的不同。没有一处目的地能够万全，兼顾众人的意愿和梦想。但 20 年前那个法国人的选择和推崇，或许正因为这里既有着世外的意味，同时也有繁盛的烟火之气——最大限度兼顾了“亦逃离亦相聚”的心灵诉求。

于是才会有一群又一群旅者，携带各色的过往和故事相逢于此，是故事的述说者，也是倾听者。看景，也成为景。

梯田顽主：住在太阳升起的地方

顽主：北京方言，意思是把玩儿当正经事的人，玩儿得兢兢业业，玩儿得花样百出。以前多用来形容不务正业的纨绔子弟，现在是“生活艺术家”的代名词，是疲惫生活的反叛英雄。

退一步，太阳照常升起

来过元阳梯田的人多半会产生解甲归田的冲动，良田、美景、善邻、野趣，还附送仙境特供云雾，简直是最理想的退休归宿。当然大多数人只是想想而已，而来自广东佛山的胡阿姨则是少数的行动派。

10年前，退休的胡阿姨从儿子的照片里看到元阳梯田，立刻和老伴儿动身前往，觉得喜欢就在普高老寨买了房子开客栈，取名“阳光”，从此要么在路上，要么“住在太阳升起的地方”。

见到胡阿姨时，她正在跟一群驴友聊天，声音响亮利落，一头灰白的齐耳短发，两只蓝色耳环在其中若隐若现，中长风衣牛仔裤，通身飒爽，完全印证了传说中她的雷厉风行。

胡阿姨带我们去几公里外的“干哥哥”宗瓦土司家串门儿，一路上穿寨子走田埂，她背着竹篓始终走在最前面，身轻如燕，风风火火，完全看不出是孙子已经上大学的人。她还傲娇说现在体力大不如前，“60岁的时候去胜村赶集，一跤摔了个粉碎性骨折，现在脊椎里还钉了四根钢钉呢”。沿途遇见熟人，她都用本地方言打招呼，到了老土司家则完全是《过故人庄》的现实写照。

跟胡阿姨说起网上对她客栈的差评，她表示会按照既定节奏升级改造，但不在意一些言过其实的诋毁，“自己住的地方，我心里有数”。的确，这家十年老店有着无可比拟的好位置，在拥有“最梦幻日出”的多依树梯田观景台旁，从景观大床房到高低床八人间，所有房间都能看到梯田，设施虽旧但功能齐全，而且干净。

虽然装修朴素，但胡阿姨毫不吝惜公共空间的建设：两面墙都是大窗的餐厅、干净到让人感动的露台、正面梯田栽满鲜花的矮墙摇椅、下有鸡犬相闻的竹观景台……自己的退休乐园，能不打理得舒舒服服么?

作为退休界的典范，胡阿姨不仅“夕阳无限好，哪怕近黄昏”，更“退一步，太阳照常升起”。在阳光客栈，若不能乐享主人以简为奢的退隐哲学，还一味追求城市里俗气的舒适，就真辜负了周遭的云海阳光。

泼墨山水里的写意人生

偶然撞进花窝窝的木门，就被这个别致的小院迷住了：一棵大树小碎叶子绿成一团，树下开满小雏菊，藤椅围着小圆桌，茅草亭里摆着茶具，池塘中浮萍悠悠荡天光，和梯田隔墙呼应，各自娴静。

10间房都是原木色调，景观大床房的落地窗有一半被院子里蓊郁的梨树铺满，梯田云海在不远处犹抱琵琶半遮面，床头一线低垂的球型吊灯，和藏在梨树叶子里的木屋鸟笼相映成趣，寥寥几笔，勾勒出一处童趣盎然的田园居所。

掌柜的是90后的昆明男生CC，北京邮电大学金融专业毕业，工作一年就做了背包客，走遍东南亚后和舅舅一起开了这家客栈，装修就出自舅舅之手。舅舅是位长得极像任达华的著名设计师，特地布下星空茶局，试图混入年轻人的队伍，但其实他一直前卫得让我们这些80、90后自愧不如。

毕业于中央工艺美院的舅舅是中国第一批室内设计师，20世纪90年代北京的很多高档酒店都有他的设计，后来他去上海开了设计公司，成为“设计界最有经济头脑和商界最懂设计的聪明人”。

10年前，舅舅在职业生涯的顶端突然把公司送给下属，神游去了。原因就仨字儿：不高兴。游走一阵后，他停在让他高兴的丽江，开一米阳光酒吧和花窝窝餐厅，陪古城一起走过了真善美的那几年。后来，丽江被灯红酒绿艳遇将死，舅舅又不高兴了，于是卖掉酒吧，把餐厅丢给经理，自己躲进元阳梯田盖房种花。

梨花谢了雏菊开，舅舅就窝在花丛边发呆看雾，草亭下取星辉泡茶，听蛙声一片，和往事干杯。曾陪他叱咤驼峰航线的越野车如今变成了休闲小吉普，他经常走村串寨拉上一票哈尼兄弟去捉泥鳅逮田鸡，然后到蘑菇房里煮了，就着谷子酒一醉方休。

然后，舅舅又开始画画了。曾经的大都会搁置了他挚爱的画笔，后来的万千风景都不曾唤醒沉睡的灵感，而这云海梯田的泼墨山水，或许正是他寻寻觅觅的写意人生。

独臂泥鳅侠的蘑菇房晚宴

一天傍晚，我接到舅舅的电话："捉泥鳅去！"便激动地赶到村口，跳上越野车，很快和他的房东一家以及画家虹呈打成一片。由于泥鳅通常在天黑以后活动，我们先到房东大嫂的姐姐家集合。"姐夫是捉泥鳅高手，我叫他'独臂泥鳅侠'"，虹呈指着只有一条手臂的姐夫，悄悄对我说，"一切行动都听他指挥"。

过了8点，幸好无风，泥鳅侠表示可以出发。大家拿上手电、鱼叉、水桶等工具，前往村旁的稻田。由于工具不够，舅舅做房东的跟班，我做舅舅的跟班，虹呈做泥鳅侠的跟班，大家分两组行动。

泥鳅很滑头，捉泥鳅主要拼的是耐心，下叉子要稳准狠，房东大哥神勇，独臂泥鳅侠也毫不逊色，加上虹呈已经练就了一身捉田螺的好本事。大约过了一个多小时，他们组的收获竟然远远多于我们组，大家凑起来看够煮一锅了，就打道回府。

泥鳅侠组织负责清洗泥鳅，一切有条不紊。房东大哥已经住进了新式的房子，久违的火塘激起了他下厨的热情，于是由他掌勺。柴火正旺，房东大哥用大锅炸泥鳅，房东大嫂和姐姐洗野菜，泥鳅侠帮女儿改作业，虹呈和舅舅聊齐白石。蘑菇房里，柴米油盐，琴棋书画，居然很对味。

湖南妹子虹呈从小学画，央美设计专业毕业后又去伦敦学了两年插画，毕业回国后没找工作，直接来了元阳，住在房东大哥家的民宿，平时在明德小学支教。她打算住上至少一年，再慢慢动笔画一本插画集。

房东大哥厨艺了得，加上梯田泥鳅、土猪火腿、野菜、红米等生猛食材，都是下谷子酒的硬菜。泥鳅侠喝酒的表情尤其销魂：小小地抿上一口，慢慢咂摸，咽下去时眼睛眯成一条线。我也学着他的样子，还真尝出了辣、甜、润、暖的层次，于是恍然大悟：这样细细“品味”生活的心，不就是“品位”吗？

水云间的出走与回归

向CC问起元阳梯田的徒步线路，他说水云间客栈的Jacky是专家。于是，我们知道了一个关于元阳彝族青年和联合国摄影师的故事，也是一个关于出走与回归的故事。

大约七八年前，法国摄影师Olivier Follmi来到元阳为联合国教科文组织拍摄一个人文课题，辗转找到了Jacky做向导。Jacky不但是个梯田通，还会说英语，而且懂摄影，6天的采风下来，Olivier拍到了足够的素材。

要知道，在风云变幻的元阳梯田，经常有摄影师为拍到一张完美的日出或日落等上一个星期，而这次采风的圆满，除了因为幸运，就要得益于Jacky的专业。所以，Olivier热情地邀请Jacky做他的助理，随他到东南亚采风。

在此之前，Jacky虽是本地小有名气的英文向导，但他的英语是自学的，摄影则是业余爱好，能跟著名摄影师一起工作、行走，对自己的事业和兴趣都大有裨益，于是Jacky欣然应允。

在接下来的4年里，Jacky随Olivier拍遍了亚洲、中东和欧洲，其间既要负责开车、背包、联络等杂事，还要负责调试相机和选照片等专业工作，这是一段辛苦的跋涉，也是一段令人艳羡的旅行。

Olivier一有空就会和Jacky一起回元阳梯田小住。Jacky称那些追着完美光影跑的摄影师是“走火入魔”，而让Olivier“走火入魔”的是梯田的生活。他每次并不急于拍照，而只是到梯田里散步、去赶集。

4年的摄影助手生涯让Jacky的英文和摄影水平都突飞猛进，但他学到的最重要的东西是生活态度。于是，当他决定暂停旅程回到家乡时，他开了水云间客栈。曾经为了寻找方向而出走，如今带着更本真的生活态度回归，他想要与更多人分享这水云之间的美。

Jacky反对功利性的摄影和旅行：“现在大家都以为冬天有水的梯田最美，其实是受了一些摄影作品的误导，其实梯田一年四季都很美，值得住下来慢慢的看。”

马帮客栈猜想

迤萨古镇马帮客栈

作为“江外建筑大观园”，迤萨镇的民居几乎栋栋都有故事。洋气的东门建筑群、充满生活气息的南门杨家、端庄的大寨街何家大院……还有镇上唯一一家古色古香的马帮客栈。但前面几处名宅或民宅都有资料可考，偏偏我们住的马帮客栈的故事却没人说得上来。

住个客栈还变成了福尔摩斯

从建筑风格看，马帮客栈和东门建筑群属于近亲，同样碉楼般的外观和西洋式的券拱柱廊，只是比东门的姚钱两家大院稍显朴素。而内部由于已经几经改造，只有整体结构还围合在一座老天井下，还有一座老木楼梯还在吱呀呀串联着三层楼，而房间则是标准的宾馆格局了。

内部的装修是通用的“新中式古典”风格，虽保留了老房子的冬暖夏凉，也装了空调，此外，一应现代家用电器俱全，Wifi信号也很与时俱进。3楼的露台上放了阳伞和桌椅，喝茶赏月很是舒服，还可以倚着厚厚的砖墙俯瞰街上的市井风情。

只是，这种种时光穿梭的混搭更让人猜测：如今贴着小碎花墙纸的标间曾是一位马帮小姐的闺房吗？

客栈的经营者是一对来自浙江的中年夫妇，在他们接手之前，这房子开过餐厅、做过政府的宿舍。“这房子大约有65年的历史吧。”给我送肥皂的老板娘阿姨说，

"据说原来有两栋相连的'姊妹楼'，后来拆了一栋，只留下这一栋，其余的我也说不上了。"

又请教了曾参与迤萨古建筑修缮工作的杨旭金，他所知道的也只有这么多。那么这栋姊妹楼最初的主人到底是谁？

姊妹楼主是马帮红颜还是马帮巾帼？

晚上躺在雕花床上，白天参观过的迤萨民居、马帮人家和听来的故事都交织在一起，记忆里仅存的一点儿民国历史和电视剧情节也跑来凑热闹……古镇总是让人浮想联翩。

迤萨是马背上驮来的侨乡，所以这房子的大气和洋气都不难理解。但65年前也就是1949年，新中国成立时，迤萨马帮已经式微了，怎么还建得起这样规模的大宅？

这房子叫"姊妹楼"，是说两栋房子连在一起状如姊妹，还是说房子的主人是一对姊妹？"迤萨三多"除了金子多、下坝子的汉子多，再就是（活）寡妇多了。这里会

不会也有一位苦等丈夫的马帮红颜呢？或者是两位？

娥皇女英相依为命，苦守着丈夫留下的大宅枯等一生，直到改朝换代，丈夫再也不可能归来……或者，经过特殊的年代的磨难，她（们）失忆了，丈夫归来却不能相认，一个迤萨三角恋版“焉识归来路”的故事……

又或者，这里的主人根本就是新式女性、一对民国闺秀姊妹花，好比著名的宋氏姐妹和张氏姐妹，她们接受了西洋教育，用自己的才华和勇气毅然挑战马帮红颜的命运，成为一代马帮巾帼，凭自己的实力盖起了这两栋姊妹楼？

半宿的遐想，简直是一部穿越小说的良好开端。但因为蒙太奇切换太频繁，房子真正的主人竟也没有给我托个梦。

第二天醒来，我决定深入大街小巷去寻访上了年纪的人，从练习迤萨方言听力开始，挖出这姊妹楼背后的故事。旅行嘛，总要有点儿入乡随俗的决心和异于日常的疯狂。

小贴士 *TIPS*

马帮客栈地址：红河县迤萨镇三棵树街（县委大门旁）。

做一回实实在在的行脚僧

梯田徒步者

撒玛坝万亩梯田之上的日出被浓雾掩住，迟迟没有露面。我们决定再等等。观景台上一同在等的，还有三个人。两个架好了相机的老摄影师，一个光着一只脚的黑瘦小伙。

摄影师的相机镜头出了问题，皱着眉坐在一株松树下细心查看。而那个一身黑色户外装的小伙则倚着栏杆出神凝视日出的地方。光着的一只脚看起来受了不轻的伤，肿胀青紫。忍不住上前询问。

他说是前一天走山路不小心摔了。“我从贵阳老家走过来，走了一个多月到这里。在云南最期待的地方就是梯田，昨天从元阳一路走来，谁知山路上摔坏了脚踝，现在可以在这里多看几天日出了。”

徒步梯田的人并不少，而这个小伙子的长途跋涉听起来并不只是为了徒步。问及目的地，他说这一趟铁了心要走遍全国。“出来前是一名协警，在社区的工作很清闲，但我才20岁，不想提前‘养老’，来看看云南的梯田，然后走完全国也是我一直以来的梦想。”

“其实只是因为几张照片。我曾经认识一个徒步爱好者，但他却双腿残疾。他徒步走完了红河境内的梯田，拍下很多梯田日出，我看到那些照片才决定也要来这里。”我终于明白梯田何以成为他梦想的第一站。

“梯田的人比我想象中还热情，一路上结识了很多朋友。”他说着就请我去他们前一夜的驻地看留言簿和一路收集的邮戳。

原来他的同伴还有另一个胖小伙和一条狗，人和狗都是在路上捡的。他们把帐篷搭在观景台上方的一处空地。一瘸一拐到了帐篷边，他从背包里翻出一个本子给我看。上面的留言五花八门，有借宿人家的“大哥”，有勉励他们坚持到底的“乡长叔叔”，也有相约来年再聚的“陌生兄弟”……笔记本的中间几页，已经盖了将近20个各地邮戳。

从远处走过来一位哈尼族大妈，径直蹲在小伙面前查看他的脚。然后进了帐篷旁边的一小间活动房里，拿出一瓶药酒。大妈和老伴在这里修路，晚上住在这间看守工地的活动房里，现在倒碰巧和徒步的两个小伙做了邻居。周围竟然慢慢聚起一些围观的人，开始七嘴八舌讨论小伙子的脚伤，多半劝他多修养几天再上路。

大妈把小伙的脚揽在怀里，药酒倒在手心，摁住小伙的脚踝细细揉搓，又轻声劝他忍着些。年轻的小伙子禁不住痛，不时哀叫一声，众人又一番安抚。都忘了正在等待的梯田日出。

“这几天你们不要住帐篷，跟我去村子里住我家。你这脚要好好养几天才能走路。”大妈盖上药酒瓶盖，严肃又慈爱地叮嘱小伙子和他的同伴。

“徒步对你来说，有什么意义呢？”人群散去，我问了他一句。

他怀里还抱着刚才的留言本，望一眼拿着药酒走进屋里的大妈，他说：“如你所见，这些就是意义。”

我站起身愣了愣，回头看时，太阳正从对面的梯田上跃然而出。

小贴士 *TIPS*

哈尼梯田徒步点推荐（需要日夜兼程风餐露宿的深度徒步建议自行做好功课）

元阳、一般徒步路线是4~6小时，时间太长则要摸黑赶路了。上午做下准备工作，建议下午走箐口—麻栗寨，坝达观景台，大概需时4小时。沿着梯田中的土路走1小时到达全福庄，然后分岔路口往左边道路走1小时到达麻栗寨，这两个小时基本都是在梯田和村寨里行进，然后从麻栗寨爬山40分钟到达坝达观景台，坝达观景台可以欣赏到整个哀牢山区最大规模的梯田景观，最佳摄影时间是夕阳西下时候；拍摄完成后，顺着小路上到公路上。

绿春：推荐行走腊姑梯田沿线。

金平：推荐行走金河镇太阳寨、哈尼田村。

红河：推荐行走洛恩、宝华及甲寅乡三个乡的梯田。

家国天下，尽在一筒

梯田地区水烟筒交际法

梯田深处的天气捉摸不定。眼见云开雾散，我们商议决定沿着田埂散步到田心，近距离感受一下平日镜头下的波光粼粼。刚走过半块田，大雨就迎头浇下来。旷天野地里无处藏躲，只能跑向田边最近的农户家。

众手一只水烟筒，相逢何必曾相识

搭了顶棚的院子里堆满砖头和砂石，显然又是一户正在响应“美丽家园”建设的哈尼人家。正在墙角拌沙灰的女主人见我们狼狈跑进院子，就知道是避雨来了，连忙进堂屋搬凳子，招呼我们在廊檐下坐。

男主人模样的哈尼汉子也蹲在廊檐下，正抱着一支粗大的褐黄色竹制水烟筒“咕噜咕噜”吸得兴起。看我们坐下了，他豪爽地把烟筒伸过来，示意我们来两口。我连忙摆手摇头，直说不会。少数民族地区的妇女善抽水烟的多，这一点我们自然甘拜下风。

没等坐稳，院子里又涌进来4个人，是住在隔壁客栈的四川人。见到男主人在吸水烟筒，四川人凑上去：“哦？！”哈尼汉子略带几分得意地又把烟筒递给他们。这回他遇到了知音，四川人毫不客气地接过来也和他并排蹲着，往烟嘴上架上一撮烟丝，几个人轮番抽开了。

雨势渐猛，不出所料院子里又挤进来一拨人。这回来的是主人家的老乡，像是住在附近的村子，过来做活走到半道也挨了雨淋。进来的哈尼汉子一面掸粗布外褂上的雨，一面和主人家打招呼，一面也自然而然走向了那支水烟筒所聚起的人群。

“还没盖好？”新来的哈尼汉子指了指主人家的房子。

“还差一点。”男主人回答。四川人架上一撮新的烟丝，把烟筒递给新成员。

“小钢炮”的前世今生

院子里来了第四拨人的时候，基本上已经无立足之地，女主人仍是热情招呼。烟筒会挪到了堂屋里，听起来现在足有六七个人在轮流抽，“咕噜”声和烟雾隔着人头飘散过来。心里忍不住一遍遍感叹水烟筒这种快速高效、气氛热烈的神奇交际法宝。

“你们是游客？”旁边一位没有参加烟筒会的大叔和气地问我。

听我说刚从金平游玩过来，大叔说他就是金平人，这两天过来亲戚家做客。

“你们外地人怕不知道，水烟筒在云南还有个笑话呢。话说当年日本鬼子在云南，当地的老百姓奋起反抗，有的人是一边打仗一边吸着水烟筒，当日本鬼子看到好多人抱着水烟筒冲出来的时候，一下子就懵了。大吼撤退，八格牙路，怎么侦察的情报，云南游击队的武器怎么这么强，每个人都有一枚小钢炮……”大叔话音未落，院子里的年轻人都笑了个人仰马翻。

“不过，你们怕更不知道，最好的水烟筒是我们金平老勐乡新安里的破竹烟筒。”大叔见众人都竖起耳朵听他讲，更加健谈起来。

大叔说的老勐乡新安里，有一种大竹，节长、皮薄、韧性好。用刀把砍下的竹筒一丝一丝均匀破成半厘米宽的竹条，但不破通头，破到竹子的三分之二处时，用篾丝和铜丝箍上七八道，看上去绿筒金箍，灿然耀眼。

院子里有人开始寒暄道别，伸头一看，雨已经停了。我们也起身道谢，告别烟筒会和金平大叔。出院门时，听见四川人已经和烟筒会的几个人聊到了“晚上带一瓶好酒来，弟兄几个喝个痛快”，我已经在“咕噜咕噜”的水烟翻涌声中隐约见到了几个陌生人推杯换盏的一场酒会。

小贴士 *TIPS*

烟筒聚会在红河州随处可见，无论问路还是乘凉，轮换着吸一只水烟筒，素不相识的人很快就能打成一片。

金平的破竹烟筒做工精细，即使不会抽水烟，且带一只回家当作艺术品欣赏，也是种享受。

附录

梯田四县环线交通手绘图

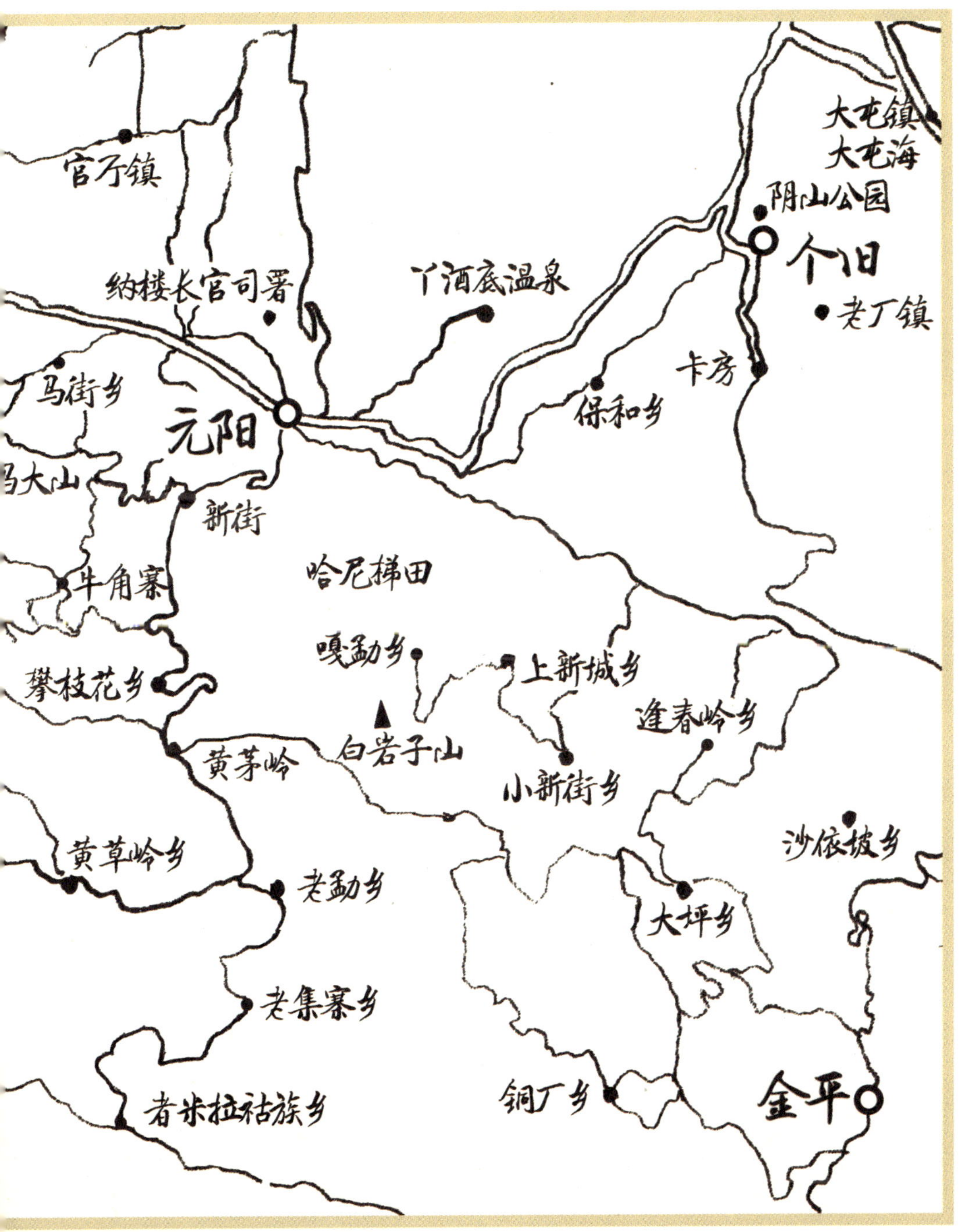
大屯镇
大屯海
阴山公园
官厅镇
个旧
纳楼长官司署
丫洒底温泉
老厂镇
卡房
马街乡
保和乡
元阳
马大山
新街
哈尼梯田
牛角寨
嘎勐乡
上新城乡
攀枝花乡
逢春岭乡
白岩子山
黄茅岭
小新街乡
沙依坡乡
黄草岭乡
老勐乡
大坪乡
老集寨乡
者米拉祜族乡
铜厂乡
金平

红河州少数民族重要节庆

民族	节日名称	主要活动内容	时间
彝族	火把节	耍火把、摔跤、斗牛、歌舞表演	各节日具体时间根据各民族历法测算而定
	插花节	插花、对歌	
	彝族赛衣节	歌舞、鲜艳服饰	
	彝族虎节	跳虎笙、虎舞	
	彝族密枝节	祭神仪式	
	牟定“三月会”	物资交流、民间歌舞表演	
傣族	傣族泼水节	赛龙舟、泼水、歌舞	
	傣族送龙节	祭祀、歌舞	
	傣族关门节	琰佛塔、歌舞	
	傣族开门节	串寨、放高升、歌舞	
哈尼族	哈尼族昂玛突节	祭祀、歌舞、摆街宴	
	“矻扎扎”（六月年节）	打秋千、摔跤、歌舞	
	哈尼族“里玛主”节	歌舞、摔跤	
	哈尼族捉蚂蚱节	捉蚂蚱来食用	
	哈尼族姑娘节	秋千、歌舞	
	哈尼族祭龙日 / 新米节	铓锣、牛皮鼓，巴乌、四弦琴	
	哈尼族米索扎节	秋千、歌舞	
	哈尼族苗爱拿节	篝火、歌舞	
苗族	苗族花山节	爬花杆、芦笙、歌舞	
拉祜族	拉祜族库扎节（年节）	象脚鼓舞、对歌、接新水、狩猎	
	拉祜族葫芦节	篝火、歌舞	
	拉祜族祭太阳神	祭祀、歌舞	

民族	节日名称	主要活动内容	时间
布朗族	布朗族冈永节	祭祀、歌舞	各节日具体时间根据各民族历法测算而定
回族	回族古尔邦节	团拜、宰牲	
	回族开斋节	礼拜、颂经、歌舞	
	回族宰牲节	宰杀一些牛羊、祭祀	
	回族圣纪节	穆斯林沐浴、更衣、礼拜	
瑶族	瑶族盘王节	祭祀、歌舞	
	瑶族“干巴”节	跳铜鼓舞	
	瑶族“夕九节”	歌舞	
	瑶族“达努”节	歌舞、武术、球赛	
	瑶族“歌堂”节	男女谈情说爱、唱歌求偶	
	瑶族倒稿节	斗牛赛	
	瑶族掌肉待客节	纪念始母密洛院	
	瑶族“赶鸟”节	对歌	
	瑶族姑娘节	物资交流、民间歌舞表演	
壮族	壮族陇端节	戏剧、杂耍、歌舞	
	壮族六郎节	表达的意思和春节差不多	
布依族	布依族跳月	物资交流、民间歌舞表演	
	布依族三月三	民间歌舞表演、扫寨、祭山神	
	布依族“六月六”	物资交流、民间歌舞表演	
	布依族跳花会	吹嘞友、弹月琴、吹木叶	

后记

世界变迁，时光流转。今天的华夏大地因为一个词而格外热烈厚重：梦想。中国梦在所有国人心中植根发芽。它既饱含着对近代以来中国历史的深刻洞悉，又彰显了全国各族人民的复兴愿景。复兴成为一次与心灵相关的回归之旅。这样的中国梦，终于为铺就哀牢山深处的红河路指明了方向。

从大理巍山"额骨阿宝"龙虎山发源的一条涓涓细流，穿越滇南后变身为翻滚着红色波涛的大河，它涌向越南北部，最终奔向宽广的大海。这条河流叫作红河，它的南北两岸，便是红河州。

中国梦，红河路，是云南精神的生动诠释，也是红河历史的一幅生动画卷。百年以来，红河作为云南对外开放的肇始地和云南工业文明的发祥地，成就了云南重要的工业基地，更传承和创造了底蕴深厚、斑斓多姿的文化。

上个世纪三十年代，鲁迅曾在散文集中随意提出过一句充满前瞻性的话，"只有民族的，才是世界的"。那些经过千百年荡涤和沉淀的民族文化，展现出持久而独特的生命魅力，最终被世界所认可。时间看似在前行，历史却一再峰回路转，人类终于意识到自己走得太远太快，到了该歇下来问一问来时路的时候，文化于是开始走在溯本归源的路上。世界因此而放慢脚步，红河岸边的古老文明慢慢被追寻灵魂的人们所聚焦。

观红河，山水细密流长，文化旖旎婉转，风情神醉心往，红河博大多彩的旅游资源蕴藏着大千世界。千年哈尼梯田生生不息，千年临安古城厚积薄发，千年建水紫陶熠熠生辉，百年滇越铁路风生水起，百年开埠通商继往开来，百年云锡矿业历久弥新，百年过桥米线源远流长，这“三个千年”和“四个百年”逐渐沉淀为今日红河的崭新名片。这《三千四百年——最红河》缩影了红河精魄，它直面红河的山水风物、人文历史、质朴与厚重，将更为直观而生动地呈现一个素面纯真的气质红河。

依托丰富多彩的文化旅游资源，红河州委、州政府承前启后，全力深挖文化旅游这座“富矿”，奋力打造旅游强州，将大美红河与社会经济发展融会贯通。以旅游业为着力点和支撑点，大力调整产业结构，促进产业转型升级，把旅游业的发展作为促进经济快速发展、加快社会进步、广泛惠及民生的重要抓手和载体。面对这样继往开来的历史时刻，着手策划著作《三千四百年——最红河》系列丛书，旨在将红河的山水人文点滴娓娓道来，将红河的一份情怀透过笔端一一呈现，慢慢蒸腾出清雅古朴、多情诱人的红河魅力，在某个晴朗的早晨或阳光的午后与你邂逅，让你毫无预兆地走进我们为您编织的红河故事中。

寻着故事来红河吧！来看看红河的壮美山川；来尝尝红河的醇香美酒；来呼吸红河的清新空气。吐纳间你会感知到红河千年的历史传承，仰止间你会领会到红河的激情美好！

就让这积淀着红河的三个千年，四个百年带领我们认识红河、走进红河、领悟红河，带领我们走进云南旅游新的方向。沿着千百年历史足迹与风云变幻去寻梦，让红河腾飞的未来带领我们去实现心中最美的梦想！

红河哈尼族彝族自治州旅游发展委员会